Éditorial : Bénédicte Servignat et Sandra Berthe
Conception graphique et mise en page : Étienne Hénocq
Remerciements à Agathe Baudet et Marie Renault

Dans la même série, deux autres volumes :
7/9 ans
10/13 ans

Sources iconographiques :
J.-F. Bauret : 22, 23, 33, 38.
B. Bordes : 12 H.
BSIP : 76 ; Cortier : 111 ; Jolyot : 106 ; Leca : 126, 127 ; Marc : 121 ; Platriez : 129.
CNRI : 91, 93.
Cosmos/S. Stickland : 132.
Explorer/P. Bordes : 82. ; S. Cordier : 42 ; C. Ray Ellis : 79 ; V. Quentin : 68 ; M. Régine : 70 ; Roucon : 45, 58 ; J.-M. Trois : 135.
Graphico/Science photo Library/Cosmos : 88 B.
Image Bank : couverture ; L. Abreu : 46 ; M. Grimbert : 64 ; D. de Lossy : 9, 136 ; S. Messens : 48 ; K. Mori : 62.
Jacana/D. Huot : 17.
Mairie de Paris : 94. Museum d'Histoire naturelle de Paris :12 B.
Petit Format : 32 ; T. Henstra : 134.
G. Tourdjman : 96, 131.
Wag : 88 H.

Encyclopédie de la vie sexuelle

ADOLESCENTS

Docteur Jean Cohen
Gynécologue-accoucheur
Ancien chef de clinique gynécologique et obstétricale
à la Faculté de Médecine de Paris

Docteur Gilbert Tordjman
Diplômé d'études de pédiatrie et de gynécologie
Président fondateur de l'Association mondiale de sexologie

Docteur Jacqueline Kahn-Nathan
Gynécologue
Ancien chef de clinique gynécologique
à la Faculté de Médecine de Paris

Docteur Christiane Verdoux
Gynécologue
Ancien interne des Hôpitaux de Paris

Dessins anatomiques de **Ray Bret Koch**
Illustrations de **Alice Charbin**

HACHETTE Jeunesse

SOMMAIRE

AVANT-PROPOS AUX ADOLESCENTS

« Réussir ton entrée dans la vie », telle est ta véritable préoccupation aujourd'hui.

La société moderne a inventé, entre l'enfance et l'âge adulte, une zone de transition : l'adolescence, que l'on ne connaissait pas autrefois. Bûcheur ou dissipé, cigale ou fourmi, enthousiaste ou timide, mais dans tous les cas inquiet, tu poursuis ton chemin balisé par l'école, le lycée ou l'université.
Ton objectif ? Te faire une place dans le monde des adultes, une place d'homme ou de femme en équilibre dans son corps et dans son esprit, en quête d'une identité dans son travail, dans ses amours et dans ses relations aux autres. Ce qui ne va pas sans un sentiment d'angoisse ou d'insécurité. Jamais l'individu n'est autant confronté à des choix douloureux, à des doutes, à des incertitudes et des contradictions que dans cette période de la vie.

Qu'est-ce que toutes ces **transformations** que je sens en moi ? Dans mon corps, dans mes désirs, dans mes réflexions, mes prises de position, mes désillusions ? Est-ce normal ?

Deux hommes et deux femmes, tous les quatre médecins, mais aussi parents, se sont mis à l'écoute de nombreux adolescents, comme toi.

Ils ont écouté leurs plaintes, leurs conflits, leurs problèmes scolaires, amoureux et relationnels, leurs doutes, leurs ambitions, leurs peurs de ne pas être « normal ». Ce sont toutes ces questions, posées par des garçons et des filles de ton âge au cours de réunions d'information sexuelle, que nous rapportons ici. Que ces séances collectives aient eu lieu dans l'enceinte du lycée, d'un CES ou dans une maison de jeunes, peu importe.

Ces questions nous ont semblé précieuses parce qu'elles traduisent les difficultés d'adaptation, le désarroi parfois, que les jeunes partagent dans leur immense majorité. Ces interrogations précises, nombreuses, insidieuses, démontrent le besoin profond de l'adolescent d'**amorcer un dialogue avec ses aînés** dans les domaines qui touchent à la vie sexuelle et affective. Ce dialogue est indispensable en cette période où le besoin de plaire grandit, où la curiosité sexuelle est à son plus haut point.

Tu trouveras ici, outre **les réponses à tes questions,** l'occasion d'amorcer ce dialogue que tu souhaites et que tu pourras poursuivre librement avec tes parents ou tes amis.

Nous souhaitons que ce livre te conduise à une meilleure compréhension de la période que tu traverses, et par là, à une meilleure maîtrise de toi-même, à ton bonheur.

AUX PARENTS

L'adolescence est le moment de modifications rapides. La maturation physique n'est qu'un aspect de ce processus. Nombre d'épreuves attendent l'adolescent : il doit s'affranchir de ses parents, s'entendre avec ses camarades, se développer intellectuellement, acquérir le sens des responsabilités sociales et personnelles, entre autres. Il doit aussi, dans le même temps, assumer sa sexualité : apprendre à canaliser des sensations parfois difficilement contrôlables, à négocier sa participation à telle ou telle activité sans obéir à la pression conformiste du groupe, à faire la différence entre le mirage du désir et le véritable amour, à se protéger contre le risque du SIDA, d'une MST ou d'une grossesse non désirée.

Vous comprenez, dès lors, que votre enfant, fille ou garçon, est entré dans une phase de turbulence. Il s'agit d'une révolte aux formes multiples, plus ou moins subtiles, plus ou moins explosives, que tous les éducateurs considèrent comme prévisibles et normales. Il nous semble que l'adolescence se caractérise par trois points essentiels :

Une opposition au milieu et notamment au milieu familial.

L'enfant, en pleine métamorphose intellectuelle, affective et sexuelle, cherche à se définir par rapport aux autres dans un double mouvement d'opposition et d'identification.
Son milieu familial lui paraît sinon insupportable, du moins peu propice à son épanouissement. Il tend à s'en démarquer par une coiffure ou des vêtements extravagants ; il affiche des opinions extrémistes et sans nuances ; il choisit des lectures ou des fréquentations réprouvées par les parents. L'opposition au milieu familial peut encore se manifester par la fuite dans la drogue ou dans la délinquance, par le refuge dans la solitude ou bien par l'appartenance à un groupe d'adolescents qui rompt avec les systèmes de valeurs du monde adulte, ce qui revient souvent à échanger une série de tabous contre une autre. Cependant, beaucoup d'adolescents réussissent à se faire reconnaître dans leur spécificité sans pour autant renier leur milieu familial et social.

Les parents, inquiets, méconnaissent souvent la signification du nouveau comportement de leur enfant : ils croient qu'il est dirigé contre eux.
Ils font preuve tour à tour de sévérité, de compréhension ou de complaisance.
Parfois, ils abdiquent.

Une volonté de former un jugement personnel et pour cela avoir des réponses objectives à des questions préoccupantes, en particulier dans le domaine de la sexualité.

L'adolescent est aujourd'hui en porte à faux et tiraillé entre les systèmes de valeurs de deux générations, la sienne et celle de ses parents.
La société, dans le même temps, exacerbe ses pulsions sexuelles tout en lui refusant l'opportunité de les assouvir.
L'information claire et objective en matière de sexualité fait défaut.
Les parents se révèlent trop souvent incapables d'apporter à leur enfant, dans une atmosphère de sérénité, l'information sexuelle que celui-ci attend.
Et quand bien même y réussiraient-ils, le jeune adolescent, muré dans sa pudeur ou son agressivité, la refuserait. Les parents, juges et partie, lui semblent trop partiaux. Pourtant, c'est surtout à cette époque que l'adolescent éprouve le besoin d'une information sexuelle, même s'il lui est difficile de formuler des questions précises. Jamais plus qu'en cette période, il n'a besoin de conseils pratiques sur le bon usage de la contraception, sur la façon de vivre ses amours et d'assumer ses responsabilités.
Il arrive que lors des premières inquiétudes de la puberté, l'adolescent se tourne vers sa mère. Mais pour que le dialogue puisse être fructueux, encore faut-il qu'il ait été amorcé dès la prime enfance. C'est là le gage même de la confiance.
Pourtant, beaucoup d'adultes, persuadés que l'information sexuelle constituerait une autorisation et un encouragement, essaient de la réglementer de façon maladroite : on sait à quelle portion congrue ont été conduites l'éducation sexuelle à l'école et l'information sur les méthodes de contraception.
Certains experts, s'autorisant du juste émoi créé par l'effraction du SIDA dans notre monde contemporain, ont proposé des campagnes publiques, encourageant les adolescents à l'abstinence sexuelle.
Cette démarche risque non seulement de paraître répressive, mais surtout de se révéler inefficace. L'adolescent n'est pas dupe.
Ces appels à l'abstinence comme les campagnes anti-drogue et anti-tabac, ont toutes chances d'être vécus comme autant d'épouvantails illusoires destinés à limiter sa liberté.

Enfin, une distanciation, voire une rupture de communication avec le monde des adultes.
L'adolescence ne remet pas seulement en question le jeune ; elle interpelle aussi l'adulte plongé dans un monde narcissique et individualiste. L'adolescent, en proie à deux sentiments contradictoires, celui de solitude face à la précarité de l'avenir, et celui de s'engager et de s'impliquer, peut être tenté de couper les ponts avec le monde des adultes et de revendiquer « tout et tout de suite ».
On comprend mieux que, dans notre société qui n'a pas grand chose à proposer aux jeunes, l'adolescent puisse se révéler vulnérable en de nombreux domaines.
Ce sont ces vulnérabilités que nous avons voulu souligner dans la dernière partie de notre ouvrage.

Certains impératifs ont guidé notre approche dans la réalisation de ce livre.
L'un de nos premiers soucis a été de dispenser une information sexuelle la plus rigoureuse et la plus objective possible, celle qui permettrait à l'adolescent d'assumer ses propres choix.
L'adolescent, contrairement à l'enfant, a la possibilité de réalisations sexuelles.
Sa décision de passer à l'acte sexuel est le reflet de son équation personnelle.
Elle varie en fonction de l'intensité de ses pulsions, de son équilibre sentimental et de son système de valeurs morales. La plus grande précocité s'observe chez ceux qui revendiquent leur liberté personnelle, ceux qui ont relâché les liens avec leur famille.
En vérité, tout adolescent aspire à s'autodéterminer, même s'il en est incapable, et à assumer ses responsabilités lui-même, en lieu et place de la famille, de la religion et de la société. C'est ce à quoi toute éducation devrait veiller.
Tous les experts s'accordent à dire que, si l'adolescent prenait une plus grande part de responsabilité dans l'usage des contraceptifs, il pourrait éviter les maladies et les grossesses non désirées.
Une meilleure information est donc nécessaire.
Notre autre souci a été de tenter de dissiper chez l'adolescent le sentiment d'être seul et incompris ainsi que son impression d'invulnérabilité.
À cet égard, nous ne saurions trop conseiller aux parents de maintenir contre vents et marées un dialogue avec leurs enfants.
Nous avons souhaité permettre à l'adolescent de voir plus clair dans les relations qu'il noue avec son entourage, avec ses amis, ses parents et ses premiers amours.
Notre objectif est donc essentiellement de donner la possibilité à l'adolescent d'exprimer dans un libre débat ses besoins, ses désirs et ses craintes.
Tout dialogue a une vertu thérapeutique : les mots possèdent le pouvoir d'exorciser les fantasmes terrifiants et de rassurer.
Ils aident sinon à résoudre les problèmes, du moins à mieux les cerner.

La forme même des questions auxquelles nous répondons dans ce livre montre plus qu'un besoin d'assouvir des curiosités : elle nous paraît bien refléter le désir impérieux de pallier l'angoisse indissociable de la complexité même de notre vie affective et sexuelle.

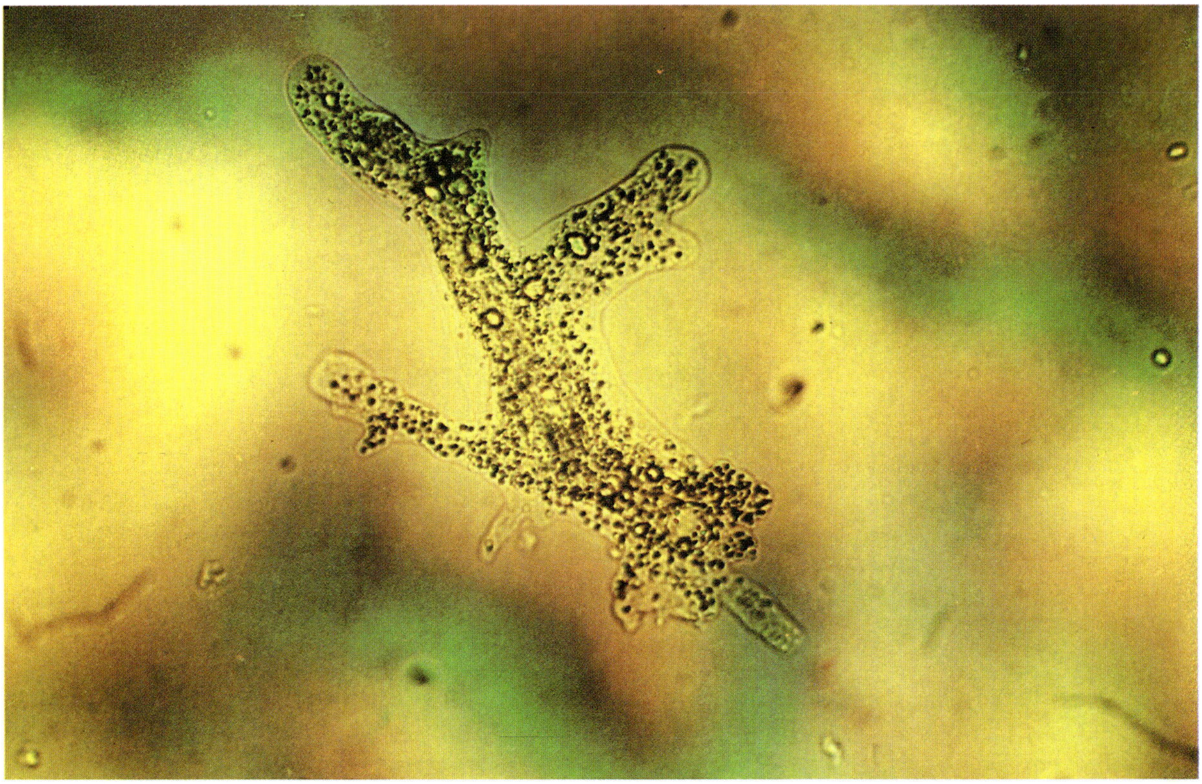

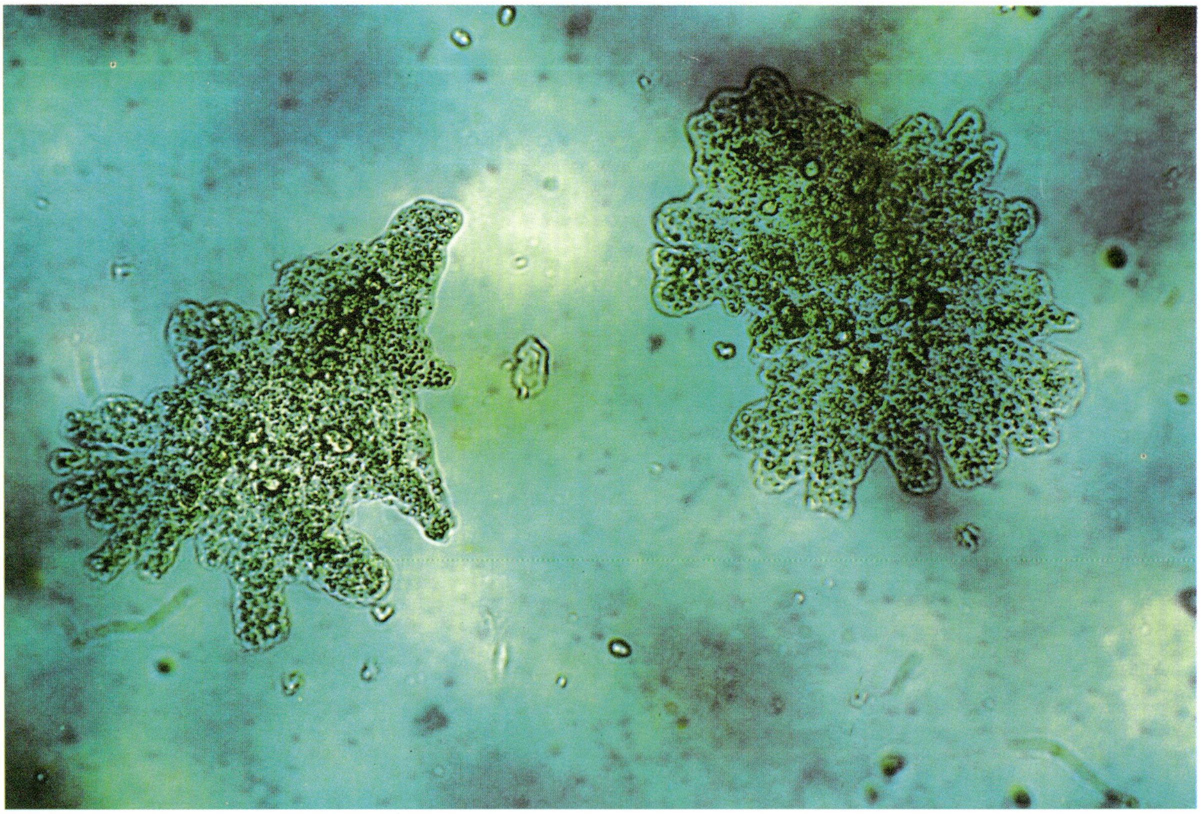

LA FORMATION D'UN ŒUF

À quoi ressemble le bébé, tout au début de sa vie, dans le ventre de sa mère ?

C'est un œuf, c'est-à-dire une cellule. Elle est formée, comme toutes les cellules du corps humain, d'une goutte de substance, le protoplasme, contenant en son milieu un noyau. C'est une très grosse cellule, presque visible à l'œil nu, mesurant un dixième de millimètre.

Comment se forme cet œuf ?

Il provient de la réunion de deux cellules, la cellule mâle ou spermatozoïde, qui vient du père, et la cellule femelle, ou ovocyte, qui vient de la mère. L'ovocyte est une grosse cellule ronde. Quant au spermatozoïde, il est de 30 à 40 fois plus petit, si l'on ne considère que son noyau. Il possède une queue qui ondule, ce qui le rend mobile. Au contact de l'ovocyte, le spermatozoïde perd sa queue, et son noyau pénètre dans l'ovocyte. Les deux noyaux se réunissent. L'ovocyte est alors fécondé, et devient un œuf. Chacune des cellules formant l'œuf est riche de caractères venus de chacun des parents. Ces caractères sont portés par des petits bâtonnets contenus dans tous les noyaux, et qu'on appelle chromosomes.

PAGE DE GAUCHE :

Paramécies ou infusoires. Ces êtres vivants, communs dans l'eau des mares ou même des vases de fleurs, sont constitués d'une cellule unique avec noyau et protoplasme.

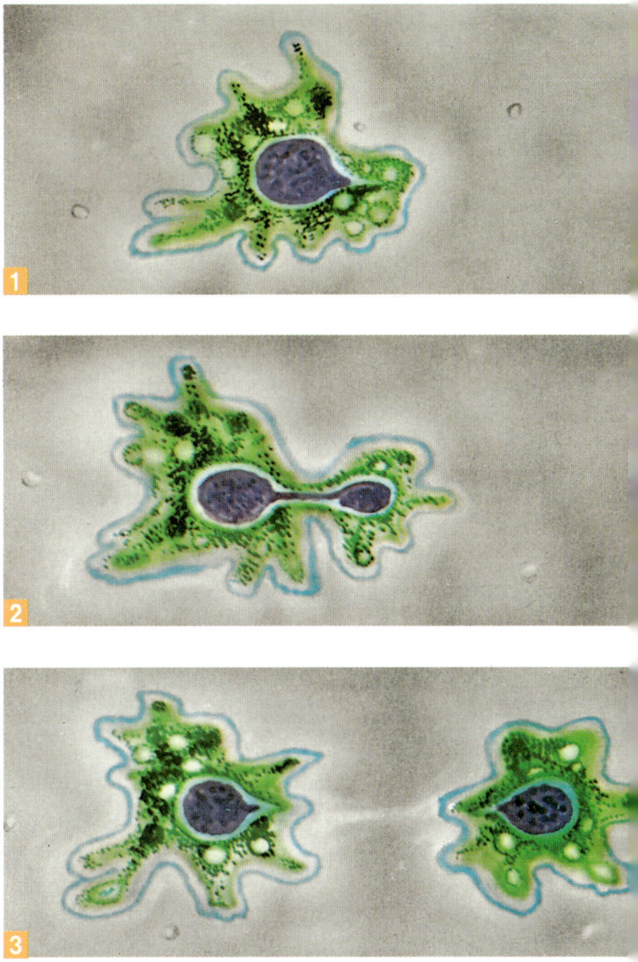

CI-DESSUS :

Division cellulaire d'une amibe. L'amibe est faite d'une seule cellule comprenant, au centre, un gros noyau, entouré d'une goutte de protoplasme aux nombreux pseudopodes qui lui servent à se mouvoir 1. Cette amibe 2 est en pleine activité car elle tend à se diviser : le noyau s'étrangle ainsi que le protoplasme. La division est achevée 3. L'amibe mère s'est scindée en deux amibes filles.

Tous les noyaux de toutes les cellules du corps humain contiennent 46 chromosomes : 23 viennent du père et 23 de la mère. Les chromosomes de la même taille venant l'un du père, l'autre de la mère, forment une paire. Chaque individu, dans chacune de ses cellules, a 23 paires de chromosomes qui lui sont particulières et qui déterminent ses caractéristiques personnelles ; c'est pourquoi il ressemble, pour certains traits physiques ou intellectuels à son père, à sa mère, à ses grands-parents ou à d'autres membres de sa famille.

Les vingt-trois paires de chromosomes de l'espèce humaine (schéma constitué à partir de photographies microscopiques). Les vingt-deux paires d'autosomes sont rangées en sept groupes de taille décroissante. La vingt-troisième paire, ou paire de gonosomes, est XX chez la femme (dessin du haut) et XY chez l'homme (dessin du bas), l'un des deux chromosomes affectant, comme on peut le voir, la forme d'un Y. Responsable de la détermination du sexe, cette dernière paire est encore appelée « chromosomes sexuels ».

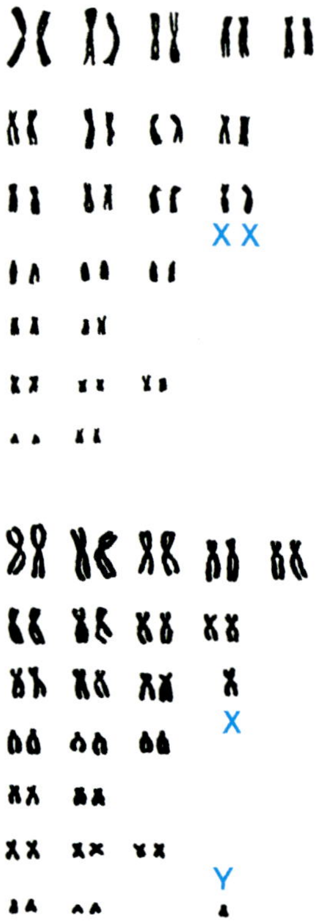

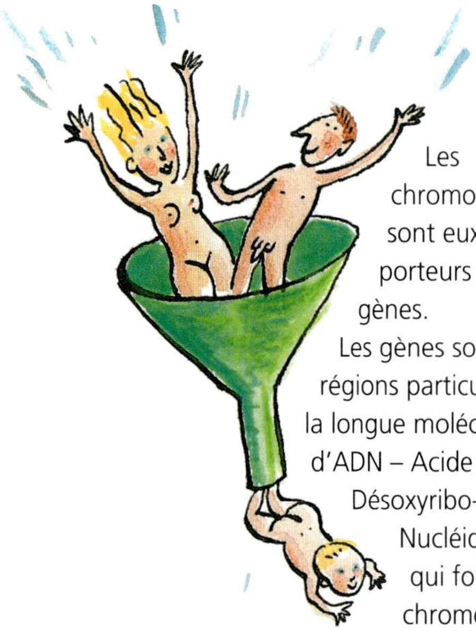

Les chromosomes sont eux-mêmes porteurs de gènes. Les gènes sont des régions particulières de la longue molécule d'ADN – Acide Désoxyribo-Nucléique – qui forme le chromosome. Cette région délimitée est constituée d'acides aminés enchaînés dans un ordre donné qui représente un code. Ce code permet la fabrication d'une protéine qui sera elle-même responsable d'une fonction cellulaire. Chaque chromosome est porteur de multiples gènes. L'absence d'un gène ou sa détérioration entraîne des anomalies particulières : ce sont les maladies génétiques, héréditairement transmissibles.

Qu'est-ce que « les tests génétiques? »

On peut, depuis 1996, obtenir par amplification, à partir d'un très petit nombre de cellules, une photographie de l'ADN spécifique d'un individu. Cette technique dite de l'empreinte génétique est de plus en plus souvent utilisée en médecine légale car elle permet, à partir des cellules provenant du sperme, de la salive, de l'urine ou même de la peau, d'identifier ou d'innocenter un suspect. Le long ruban d'ADN que les techniques modernes permettent d'étudier est composé de régions très variables dans leur constitution en acides aminés. On peut aujourd'hui décomposer ces différentes localisations et identifier leur composition. C'est ainsi qu'il est maintenant possible de comparer l'image de fragments spécifiques de l'ADN, très variables dans la population, mais identiques chez le même sujet. Lorsque l'on cherche à identifier la personne dont proviennent des cellules, on prélève des globules blancs du sujet soupçonné et on compare des fragments d'ADN spécifiques des cellules à identifier. La variabilité est telle dans la population que, si les images d'ADN sont identiques, elles ont une extrême probabilité de provenir du sujet concerné.

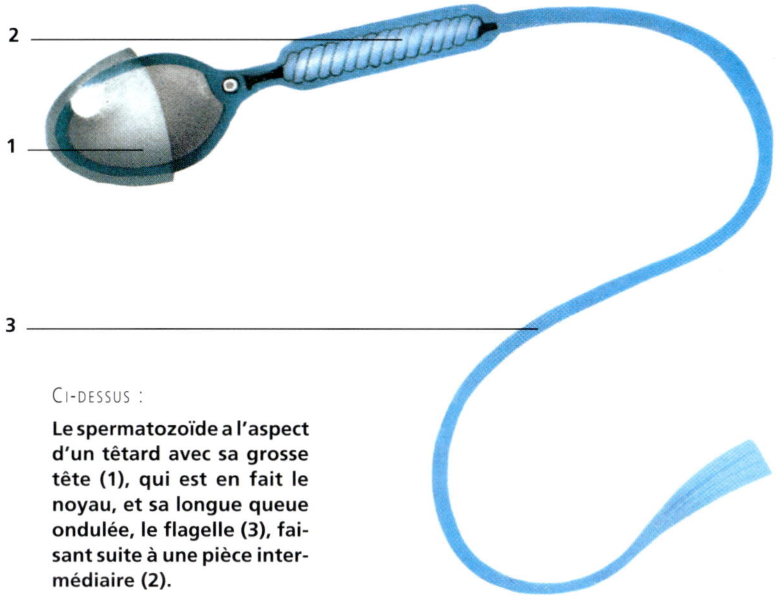

CI-DESSUS :

Le spermatozoïde a l'aspect d'un têtard avec sa grosse tête (1), qui est en fait le noyau, et sa longue queue ondulée, le flagelle (3), faisant suite à une pièce intermédiaire (2).

Pourquoi est-on un garçon ou une fille? Le médecin peut-il savoir avant la naissance le sexe du futur bébé ?

Le sexe de chacun d'entre nous est déterminé par le hasard de l'assemblage des chromosomes. Tout d'abord, envisageons l'aspect des chromosomes :

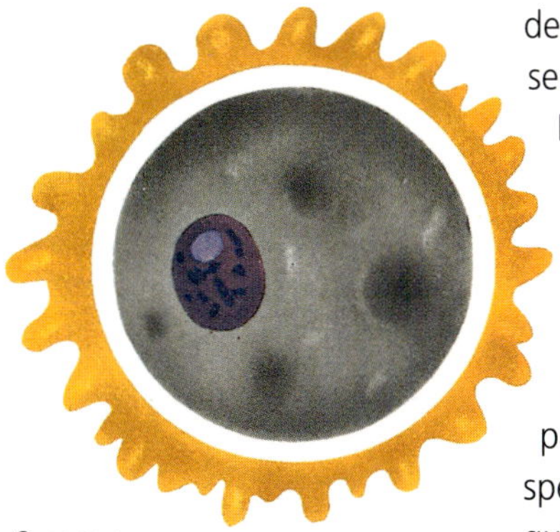

CI-DESSUS :

Cette grosse cellule ronde entourée d'une couronne de petites cellules, est l'ovocyte.

leur taille et leur forme varient beaucoup, mais, dans la cellule normale, chacun des 44 chromosomes a son « double » et s'associe naturellement à lui pour former 22 paires. On classe ces paires par ordre de taille, la plus grande ayant le numéro 1 et la plus petite le numéro 22. La 23e paire est à part. Chez la femme, elle est, comme les autres, formée de deux chromosomes semblables, qu'on appelle X. Mais l'homme, lui, n'a dans sa 23e paire qu'un de ces chromosomes X avec un autre, plus petit, que l'on nomme Y. Dans le corps de chaque parent, l'ovocyte ou le spermatozoïde est une cellule qui ne contient que la moitié des chromosomes, soit 23. Les ovocytes sont donc tous du même type : tous ont un chromosome X. Mais les spermatozoïdes sont de deux types : certains ont pour 23e chromosome un X et d'autres un Y.

Si l'ovocyte s'unit, par hasard, à un spermatozoïde avec X, l'œuf deviendra une fille ; dans d'autres cas, le hasard fait que le spermatozoïde fécondant contient un Y, et l'œuf deviendra un garçon. Ainsi la détermination du sexe se fait dès la fécondation. On pourrait connaître dès lors le sexe de l'enfant si l'on disposait de moyens techniques permettant d'observer l'œuf sans risquer de l'endommager. Un jour peut-être, la science se substituera au hasard et les parents choisirons d'avoir une fille ou un garçon. Cela ne se fera, toutefois, qu'à condition de séparer, dans le sperme, les spermatozoïdes X et Y.

« En vue de la reproduction, les organes sexuels sont constitués de telle sorte que la relation sexuelle soit possible entre un homme et une femme. »

Lorsque l'œuf est formé, il commence à se diviser en 2, 4, 8, 16 cellules, etc. Au bout de quelques jours, les cellules se spécialisent pour former, les unes les organes sensoriels, les autres l'intestin, d'autres les organes génitaux, etc. C'est sous l'influence du chromosome Y qui envoie un message aux cellules génitales que celles-ci vont se développer dans le sens masculin. Le sexe « visible » ne sera donc apparent que vers 4 mois de grossesse. Mais le sexe chromosomique qui détermine le sexe apparent existe dès la fécondation.

C'est pourquoi on peut connaître, dans certains cas, le sexe de l'enfant dès le début de la grossesse (2e-3e mois) grâce à l'étude des chromosomes de quelques cellules de l'œuf (ponction du trophoblaste et amniocentèse), ou un peu plus tard grâce à l'échographie, sorte de radar qui permet de voir par les ultrasons la petite verge du fœtus dans l'utérus de la mère.

LES ORGANES SEXUELS

Où les spermatozoïdes et les ovocytes sont-ils fabriqués ?

Les cellules sexuelles (spermatozoïdes et ovocytes) sont fabriquées dans les glandes sexuelles.
Les glandes sont des organes qui fabriquent des substances nécessaires au fonctionnement du corps. Ces organes les déversent soit dans le sang, comme la glande thyroïde qui fabrique

une hormone participant à la croissance, soit dans la bile qui, par les canaux biliaires, s'écoule dans l'intestin et intervient dans la digestion.
Les glandes sexuelles ont une double mission. Elles sécrètent des corps chimiques qui, en circulant dans le sang, apportent aux hommes et aux femmes les caractéristiques de leur sexe : ce sont les hormones sexuelles. Elles fabriquent, d'autre part, les cellules sexuelles. Chez l'homme, les glandes s'appellent les testicules, chez la femme, ce sont les ovaires.
Au début de leur vie dans le ventre de leur mère, les futurs bébés, qu'on appelle embryons, ont des glandes sexuelles qui se transforment peu à peu selon le sexe inscrit dans les chromosomes ; en produisant leurs hormones, les glandes entraînent la formation d'organes sexuels féminins ou masculins.

Qu'appelle-t-on les organes sexuels ?

Les organes, en général, sont des parties du corps qui ont un rôle bien déterminé.
Les organes sexuels eux, remplissent deux fonctions : ils ont un rôle dans la reproduction et un rôle dans la relation sexuelle elle-même.
Les organes sexuels internes sont situés à la partie inférieure de l'abdomen, dans une cuvette osseuse qui s'appelle le petit bassin. Ils se trouvent derrière la vessie et devant le rectum.
Il y a aussi des organes sexuels externes, visibles ; ils occupent la région située entre les cuisses, qu'on appelle le périnée. C'est leur aspect qui permet de reconnaître à la naissance la petite fille ou le petit garçon.
L'appareil génital comprend les glandes, ovaires et testicules (dont nous avons parlé), et un ensemble de conduits permettant aux spermatozoïdes d'aller à la rencontre des ovocytes en vue de la reproduction. L'organe en relief de l'homme, la verge, peut être introduit dans un organe en creux, le vagin de la femme, au cours des rapports sexuels. Chez tous les animaux, la rencontre ovocyte-spermatozoïde aboutit à la création d'un œuf.
Mais les modalités de cette rencontre sont différentes selon les espèces.
Chez les grenouilles, par exemple, les œufs sont pondus et reçoivent les spermatozoïdes au fur et à mesure de leur ponte : le mâle se place au-dessus de la femelle pour les féconder,

CI-DESSUS :
Le processus de la reproduction varie avec les espèces. Chez les mammifères, comme le lion (et comme l'homme), le mâle dépose les spermatozoïdes dans le vagin de la femelle. L'ovocyte fécondé se développe dans un organe maternel spécial, l'utérus, d'où il est expulsé lors de l'accouchement.

et ils se développeront tout seuls dans l'eau.
Chez les oiseaux, les ovocytes ou œufs sont fécondés par les spermatozoïdes déposés par le mâle à l'entrée des voies génitales de la femelle ; ils sont ensuite pondus et se développeront pendant la période de couvaison (la femelle couve les œufs, mais aussi parfois le mâle).
Par contre, le déroulement de la fécondation et de la croissance de l'embryon chez les mammifères, donc chez l'homme, est bien différent. Les spermatozoïdes sont déposés par le mâle dans le vagin de la femelle et fécondent le ou les ovocytes dans les voies génitales hautes, c'est-à-dire dans la trompe utérine. L'œuf se développe alors dans un organe maternel spécial aux mammifères, l'utérus. Le bébé s'y forme, y grandit et, à la fin de la période de gestation ou grossesse, dont la durée est variable selon les animaux, il sort hors du corps de la mère, au cours de l'accouchement.

Quand et comment se forment les spermatozoïdes et les ovocytes ?

La formation des cellules sexuelles se présente de façon différente chez l'homme et chez la femme.
Dans le sexe masculin, les testicules au cours de la vie intra-utérine, sécrètent l'hormone masculine, la testostérone, responsable de la formation du bébé en garçon ; en revanche, pendant toute l'enfance, ils demeurent en repos et ne fabriquent ni hormones ni spermatozoïdes. Vers 13-15 ans, mais aussi parfois sensiblement plus tôt ou plus tard, leur fonctionnement débute sous

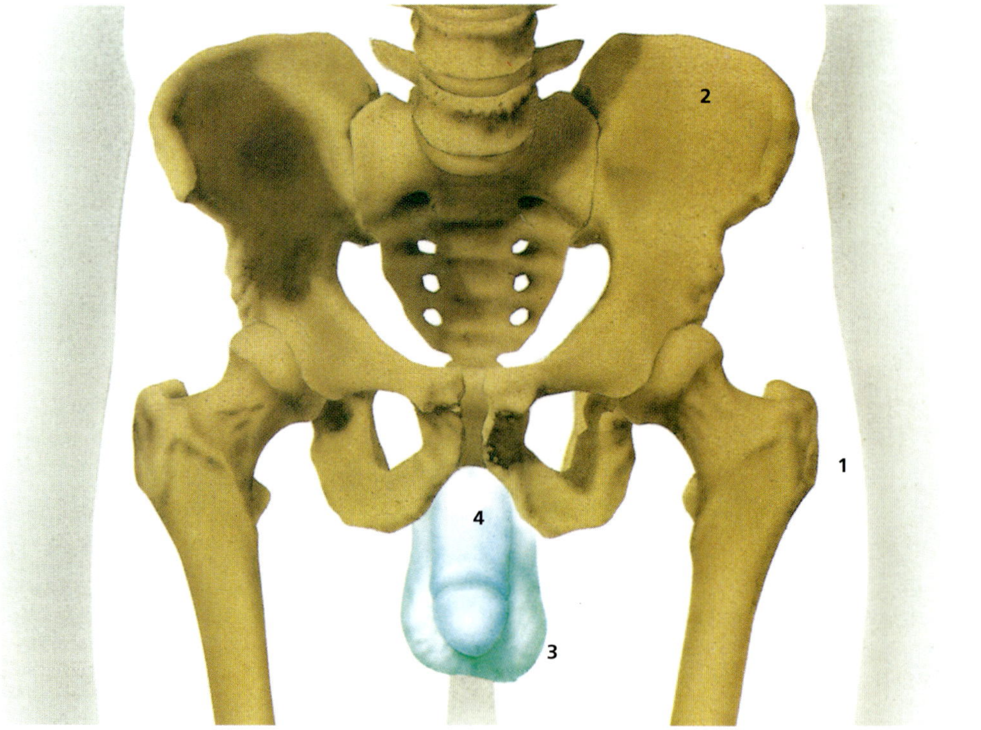

CI-CONTRE :

Le bassin de l'homme, dont les hanches sont moins accentuées (1), est plus haut et plus étroit (2). Les organes génitaux externes, scrotum (3) et verge (4), pendent au-devant des cuisses.

l'influence de la sécrétion d'une glande située sous le cerveau, l'hypophyse. Les testicules élaborent de nouveau la testostérone et celle-ci se répand dans le sang. Sous son influence, le garçon se transforme en homme. Ses organes génitaux grandissent, sa taille s'accroît, ses épaules s'élargissent ; le bas du ventre (ou pubis) et les aisselles (sous les bras) se couvrent de poils, ainsi que le menton, les joues et la lèvre supérieure ; sa voix mue et devient plus grave ; ses glandes sudoripares et sébacées se mettent à fonctionner, entraînant une transpiration plus importante et des boutons d'acné.

Tous ces phénomènes, qui se succèdent pendant plusieurs années, sont les signes de la puberté. La sécrétion de la testostérone, une fois installée, se poursuivra tout au long de la vie.
En même temps que l'hormone mâle se répand dans le corps, les testicules commencent à fabriquer des spermatozoïdes appartenant soit au type X, soit au type Y. Puis les spermatozoïdes se détachent des parois des tubes et commencent leur progression tout au long des voies génitales. La fabrication de spermatozoïdes, en nombre incroyablement élevé, dure toute la vie de l'homme : depuis sa puberté jusqu'à sa mort. Elle ne se ralentit ou ne s'arrête qu'en cas de maladie grave ou de fatigue sévère.

Il en va tout différemment dans le sexe féminin.

Tout d'abord, chez la femme, la production des cellules sexuelles (ou ovocytes) n'est pas continue de la puberté à la mort.
En effet, chez elle, c'est pendant la vie intra-utérine que se constitue, une fois pour toutes, dans ses glandes sexuelles (ou ovaires), une réserve de 400 000 cellules environ, appelées ovocytes. Jusqu'à la puberté, ceux-ci resteront stockés, en sommeil,

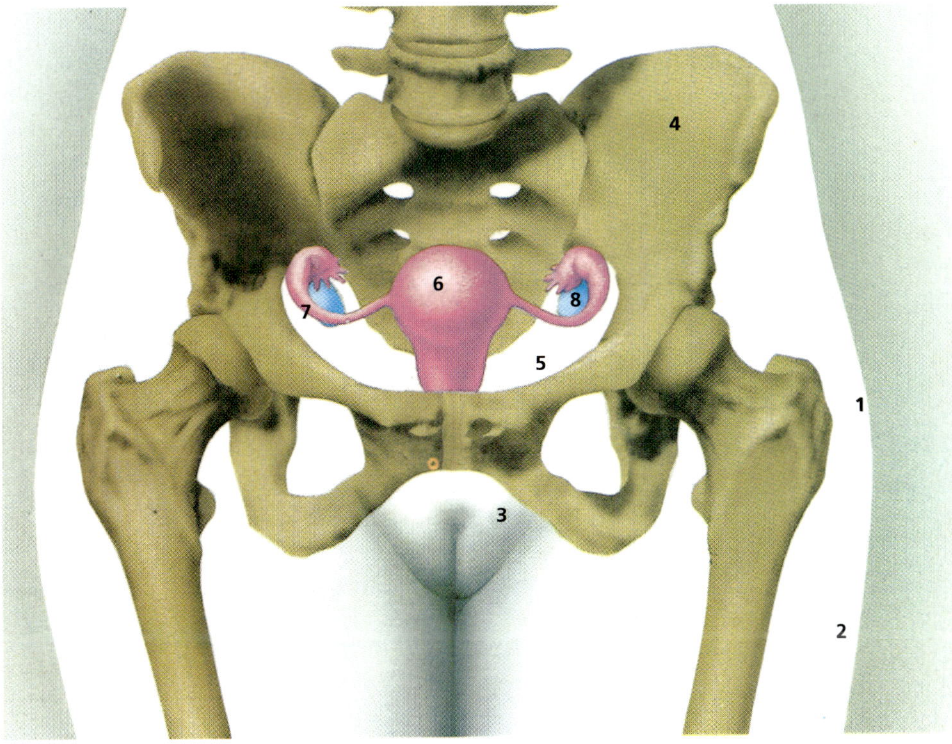

Ci-contre :

Le bassin de la femme. On distingue les contours du corps avec les hanches (1), les cuisses (2) et, entre les cuisses, la fente vulvaire (3), habituellement recouverte de poils pubiens. Le bassin osseux est figuré en surimpression. Il est largement évasé (4), et contient dans sa partie inférieure ou petit bassin (5), les organes génitaux internes de la femme, c'est-à-dire l'utérus (6), les trompes (7) et les ovaires (8).

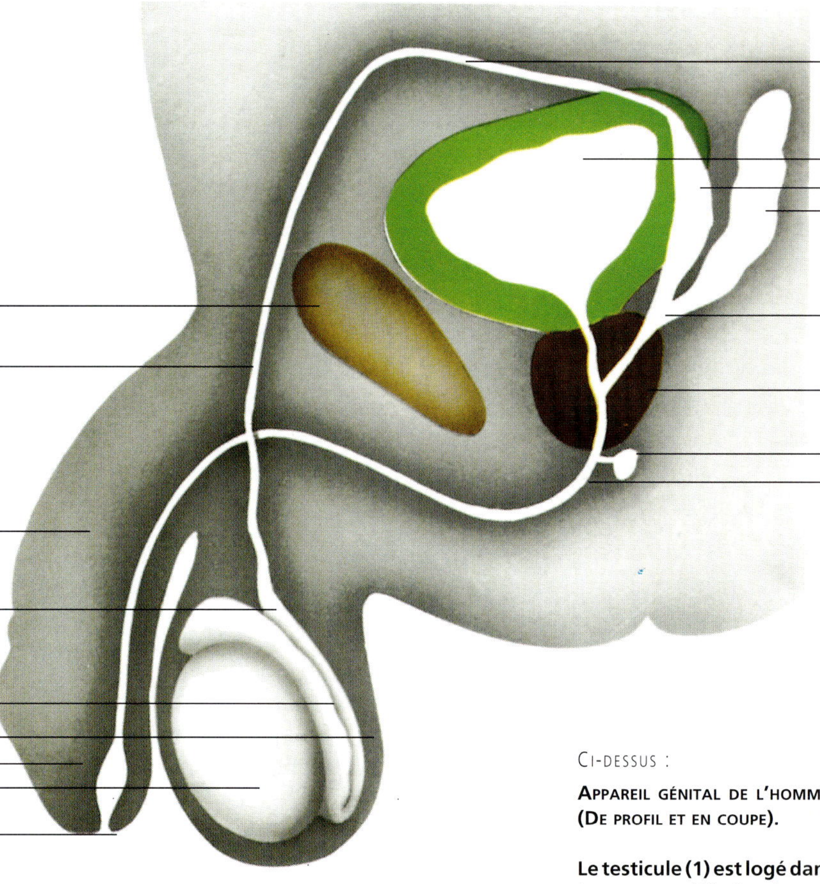

CI-DESSUS :

APPAREIL GÉNITAL DE L'HOMME. (DE PROFIL ET EN COUPE).

Le testicule (1) est logé dans le scrotum (2). Au-dessus, l'épididyme (3). Le canal déférent est représenté en son entier. D'abord à l'intérieur du scrotum (4), il passe (5) devant le pubis (6), pénètre dans le bassin (7), au-dessus de la vessie (8) et se dilate en ampoule différentielle (9). La vésicule séminale (10) forme avec le déférent le canal éjaculateur (11) qui traverse la prostate (12) et se jette dans l'urètre (13). Juste au-dessous de la prostate, se trouvent les glandes de Cooper (14). L'urètre, après être monté en avant sous le pubis, pénètre dans la verge (15) et s'ouvre à l'extérieur au niveau du méat urétral (16), à l'extrémité du gland (17).

dans les ovaires (comme des graines durant l'hiver).
Puis, vers l'âge de 13-14 ans, ils commenceront à « mûrir » comme les fruits de la nature, et, une fois ce processus achevé, ils seront expulsés par l'ovaire vers la trompe à la cadence d'un tous les 28 jours : c'est ce qu'on appelle l'ovulation.
Mais cette libération d'ovocytes ne se poursuivra pas jusqu'à la mort, loin de là ; elle s'arrêtera vers l'âge de 48-52 ans, âge après lequel une femme ne peut donc plus avoir d'enfant. On a donné à ce phénomène le nom de ménopause.
Un rapide calcul permet, d'autre part, de se rendre compte que quelques centaines seulement des 400 000 ovocytes arrivent à maturité (par exemple, à raison d'un ovocyte tous les 28 jours, il en sera libéré 420 en 35 ans), soit à peine 1 sur 1 000.
Qu'advient-il des 999 autres ? Ou bien ils ne mûrissent pas, ou bien ils s'atrophient en cours de maturation.

L'APPAREIL GÉNITAL DE L'HOMME

Où se trouvent les testicules ?

Tout à fait au début de la vie du bébé dans le ventre de sa mère, les testicules, comme d'ailleurs les ovaires, se trouvent à l'intérieur de l'abdomen. Au cours du deuxième trimestre de la grossesse, ils s'acheminent progressivement entre certains muscles de la paroi de l'abdomen et se logent à l'extérieur du corps dans les bourses ou scrotum. Leur température reste ainsi légèrement inférieure à la température normale chez l'homme, ce qui favorise la fabrication des spermatozoïdes.

Le scrotum occupe la région située entre les cuisses et en avant de l'anus. C'est un sac de peau doublée de quelques muscles fins et qui pend au-devant des cuisses, au bas du ventre. Ce sac est divisé en deux loges ; dans chacune d'entre elles se trouve un testicule, le testicule gauche étant plus bas que le droit.

« En recevant les canaux éjaculateurs, l'urètre devient un canal commun au sperme et à l'urine. Il poursuit son chemin dans la verge, qui est donc à la fois organe d'accouplement et organe urinaire. »

Quels sont les autres organes génitaux de l'homme?

Les canaux du testicule, dont nous avons déjà parlé, cheminent au milieu d'îlots cellulaires qui produisent la testostérone. Ils se réunissent et forment l'épididyme, masse qui coiffe en haut et en arrière le testicule.

L'épididyme se prolonge par un canal, le canal déférent, qui, chez l'adulte, mesure environ 40 centimètres.

Son trajet est très long et assez compliqué ; il monte dans le scrotum, passe devant le pubis, os que l'on sent en bas du ventre, pénètre enfin entre les muscles au travers desquels le testicule s'était frayé un passage au moment de la formation du bébé. Il arrive dans le petit bassin. Les deux canaux

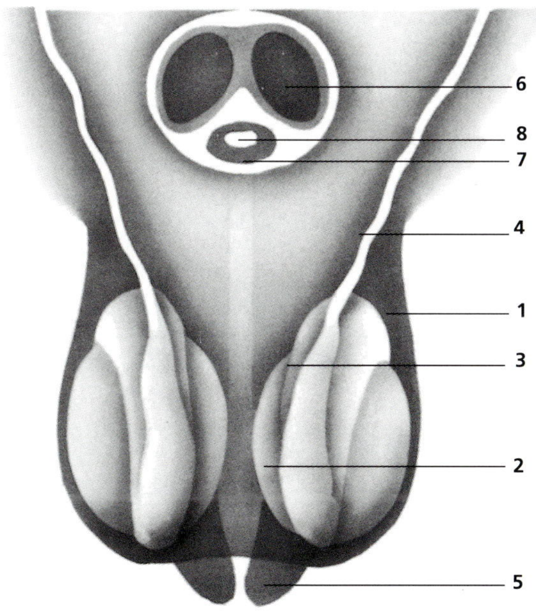

CI-CONTRE :

SCROTUM, VU DE L'ARRIÈRE.

Dans les loges scrotales droite et gauche (1), apparaît le bord postérieur des testicules (2), longés par l'épididyme (3). Les canaux déférents (4) remontent derrière les testicules et se dirigent vers le haut, vers les canaux inguinaux. On aperçoit, en avant du scrotum, l'extrémité du gland (5). En haut du dessin, représentée en coupe, la verge avec les deux corps caverneux (6) et le corps spongieux (7) entourant l'urètre (8).

(PAGE DE GAUCHE) **Le petit garçon possède un corps lisse. L'adolescent voit ses épaules s'élargir. Des poils sont apparus autour de la verge qui a grandi et dont la coloration est un peu plus sombre que le reste du corps.**

L'adulte (À DROITE) **a des poils sur la poitrine. Les poils pubiens remontent vers l'ombilic. La verge et le scrotum, très développés, sont nettement plus pigmentés que le corps.**

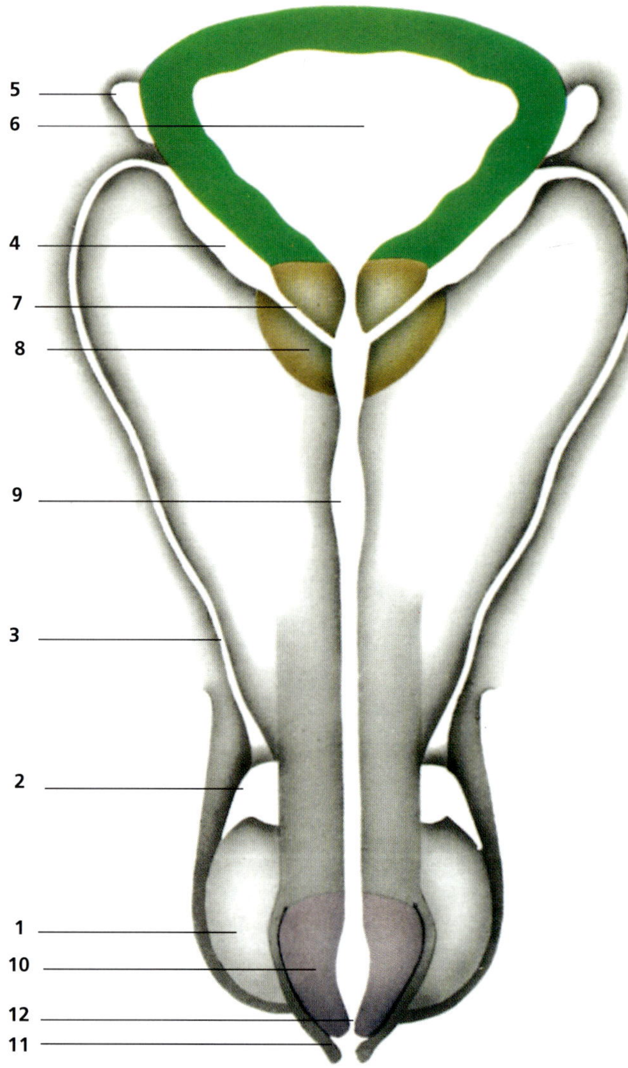

CI-CONTRE :

Sur une vue de face, on peut discerner l'ensemble des organes génitaux masculins : les testicules (1), le haut des épididymes (2), les déférents (3) qui s'élargissent en ampoules déférentielles (4), l'extrémité supérieure des vésicules séminales (5), cachées par la vessie (6), les canaux éjaculateurs (7) traversant la prostate (8) et se jetant dans l'urètre (9), le gland de la verge (10), recouvert par le prépuce (11) et laissant voir le méat urétral (12).

déférents, l'un à droite, l'autre à gauche, entourent la vessie, se rapprochent l'un de l'autre pour se diriger vers l'arrière de la vessie.
Ils s'élargissent en prenant la forme d'une ampoule, se joignent chacun à une poche allongée, la vésicule séminale, pour former les canaux éjaculateurs. Ces derniers se jettent dans l'urètre, en traversant, au-dessus de la vessie, une glande qui entoure l'urètre comme une bague, la prostate.
Les spermatozoïdes circulent à l'intérieur des canaux déférents au milieu d'un liquide peu abondant ; les vésicules séminales et la prostate sécrètent un liquide plus visqueux qui, avec les spermatozoïdes, forme le liquide séminal ou sperme. Celui-ci, au fur et à mesure de sa production, s'accumule dans les ampoules déférentielles et dans les vésicules séminales.
Les spermatozoïdes qui circulent tout au long du canal déférent acquièrent pendant ce trajet les qualités de mobilité et de fécondabilité qui leurs sont nécessaires.

Comment le sperme est-il amené à l'extérieur ?

Pour qu'il y ait émission de sperme, c'est-à-dire sortie du liquide séminal à l'extérieur, il faut que deux phénomènes

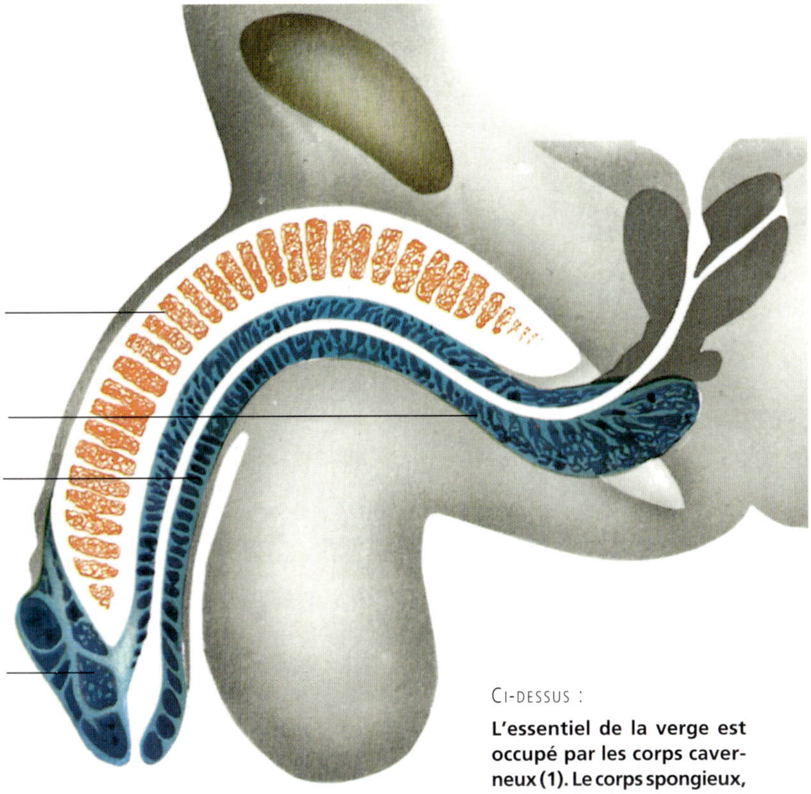

CI-DESSUS :

L'essentiel de la verge est occupé par les corps caverneux (1). Le corps spongieux, moins volumineux, contient l'urètre (2). Un renflement à son extrémité supérieure forme le bulbe du corps spongieux (3). Son extrémité inférieure, elle aussi renflée, constitue le gland (4).

aient lieu : l'érection et l'éjaculation.
L'érection est la modification de volume et de consistance de la verge.
L'éjaculation est l'émission, par jets en saccades, du sperme : c'est ce moment qu'on appelle orgasme masculin ou plaisir sexuel de l'homme.

Qu'est-ce que la verge ?

La verge est cet organe cylindrique qui pend au bas de l'abdomen. Elle est constituée de trois corps érectiles (c'est-à-dire « capables de se dresser » en se remplissant de sang) ; elle contient également l'urètre.
Il existe, en avant, deux corps caverneux suspendus au bord inférieur du pubis ;
ils reçoivent, dans la gouttière postérieure qu'ils limitent, le corps spongieux entourant l'urètre, de son origine, au-dessous de la prostate, jusqu'à sa terminaison au méat urétral.
Le corps spongieux se renfle à son extrémité et forme à lui seul le gland de la verge. Ces corps érectiles constituent donc la verge, recouverte d'une peau fine formant un repli à la base du gland.
C'est le prépuce, qui est plus ou moins long ; sa partie inférieure est parfois resserrée et ne permet pas de découvrir le gland, mais cette petite affection (le phimosis) peut être guérie par la circoncision.

Qu'est-ce qui provoque l'érection et l'éjaculation ?

L'érection est provoquée par diverses sortes d'excitations physiques, psychiques ou sensorielles qui agissent sur un centre réflexe situé

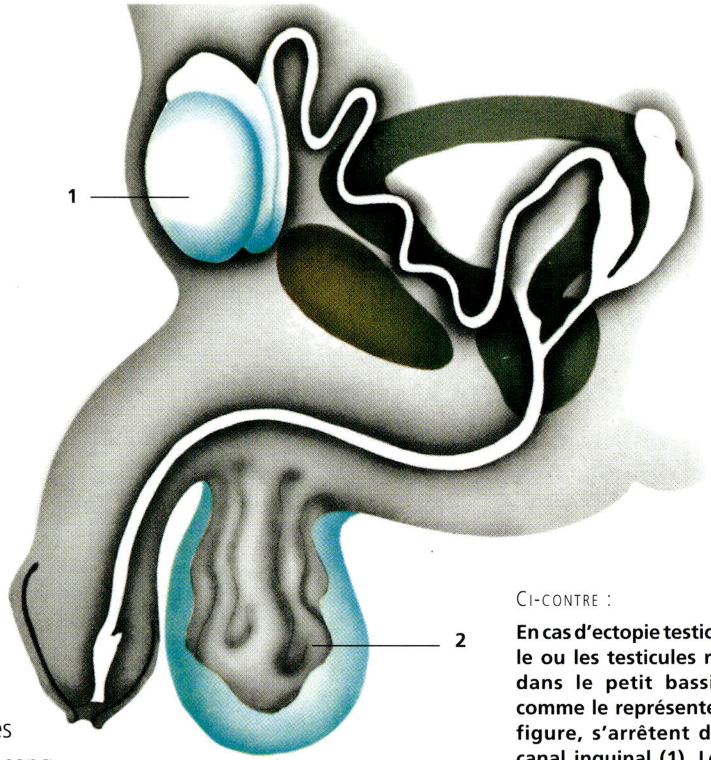

dans la moelle épinière.
Au cours de l'érection, les corps érectiles se remplissent de sang, et les veines qui permettent au sang de retourner vers la circulation générale se ferment. La verge augmente de volume, de dimension, se redresse en avant et devient rigide. Elle peut ainsi pénétrer dans le vagin de la femme.
L'éjaculation survient quand la verge est en érection. Elle est provoquée par une excitation des nerfs splanchniques. Elle ne se décide pas, mais peut être retardée par la volonté. Elle consiste en de puissantes contractions des muscles du périnée.
Ces contractions font avancer le sperme, accumulé dans les vésicules séminales, vers le début de l'urètre et vers le méat.
Le sperme est expulsé en plusieurs jets de force décroissante. La quantité de sperme correspondant à chaque éjaculation est de l'ordre de 2 à 4 centimètres cubes et parfois plus. Chaque centimètre cube contient de 50 à 100 millions de spermatozoïdes : un très grand nombre d'entre eux restent mobiles, c'est-à-dire capables de fécondation, plusieurs heures après l'éjaculation.
L'érection et l'éjaculation peuvent se produire de façon inconsciente la nuit ; les éjaculations nocturnes, fréquentes durant l'adolescence, sont tout à fait normales et ne doivent nullement inquiéter.

CI-CONTRE :

En cas d'ectopie testiculaire, le ou les testicules restent dans le petit bassin ou, comme le représente cette figure, s'arrêtent dans le canal inguinal (1). Le tissu testiculaire ne fonctionne plus normalement et la spermatogenèse peut être intensément modifiée, voire supprimée. Le signe essentiel de cette anomalie est le scrotum vide (2). On peut sentir les testicules dans l'aine mais, s'ils sont restés dans le petit bassin, ils sont hors d'atteinte pour l'examen du médecin.

Doit-on opérer un garçon dont les testicules ne sont pas descendus dans les bourses ?

Oui. L'âge de l'opération dépend du contexte clinique et sera décidé par le chirurgien. L'opération ne restitue pas obligatoirement la fonction testiculaire normale.

CI-CONTRE :

En cas de phimosis, le prépuce, rétréci à son extrémité inférieure (1), ne peut laisser passer le gland. Pour permettre au gland d'être décalotté, il faudra donc enlever une grande partie du repli prépucial (2), c'est l'opération de la circoncision.

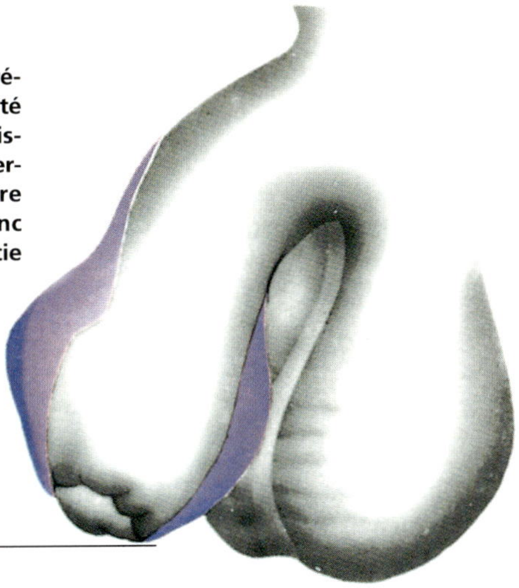

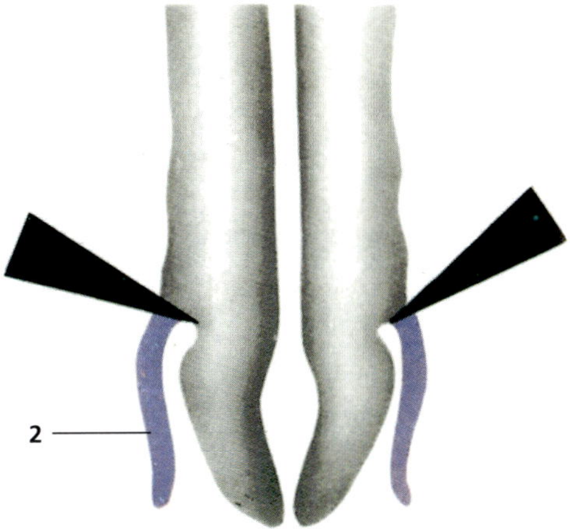

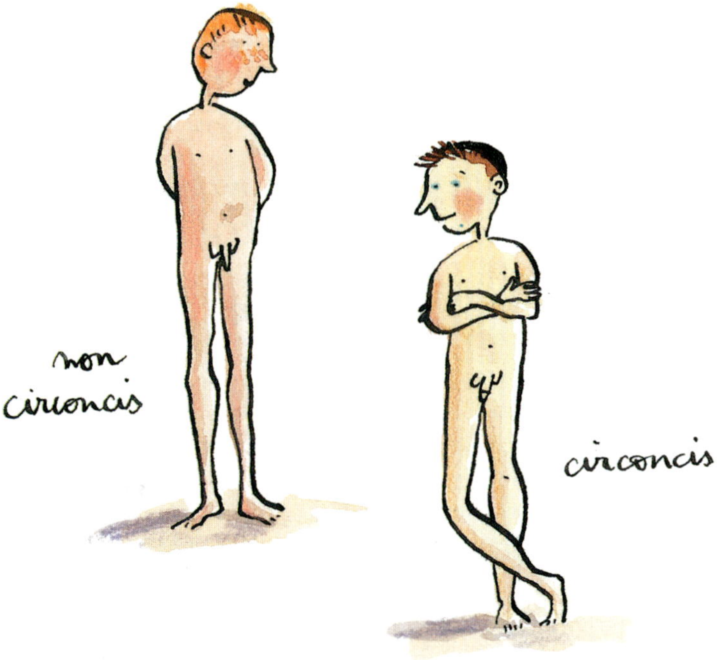

Pourquoi pratique-t-on la circoncision ?

Il est des cas où l'intervention bénigne de la circoncision est nécessaire : par exemple, quand l'extrémité du prépuce est si étroite que le gland ne peut être découvert. Dans ce cas, il peut se produire une infection du sillon situé entre gland et prépuce, due à une hygiène obligatoirement insuffisante. De plus, l'érection ne peut avoir lieu de façon normale.

Certaines religions imposent la circoncision, dès le plus jeune âge, pour tous les enfants mâles ; ce sont, notamment, les religions juive et musulmane. La circoncision, en diminuant la sensibilité excessive de la muqueuse recouvrant le gland, augmenterait la qualité et la durée des rapports sexuels ; cela ne semble pas certain.

Qu'est-ce que la maladie de la prostate ? Pourquoi doit-on opérer ?

La prostate, comme beaucoup de glandes, a parfois tendance à s'hypertrophier, réalisant ce qu'on appelle un adénome. Comme la prostate entoure le début du canal de l'urètre, l'augmentation de son volume réduit de façon progressive le calibre de l'urètre et gêne considérablement l'évacuation de l'urine. La vessie se vide de plus en plus mal et incomplètement, et cela peut entraîner une infection urinaire. Il est donc nécessaire d'enlever l'adénome pour rétablir une fonction urinaire normale.

Qu'est-ce qu'une hernie inguinale ? La rencontre-t-on aussi chez la femme ?

L'espace situé entre certains muscles abdominaux et au travers duquel le testicule passe, au cours de la vie embryonnaire, avec une partie du canal déférent, pour se loger dans le scrotum, peut ne pas se refermer.

Chez le jeune garçon ou, plus tard, chez l'homme adulte, la poussée du contenu de l'abdomen se fait à ce niveau et écarte davantage les muscles.

Une partie de l'intestin grêle ou, plus simplement, une portion du péritoine s'engage dans ce canal et fait, sous la peau, une saillie à la partie interne du pli de l'aine.

Cette saillie augmente de volume lorsqu'on tousse, ou lorsqu'on produit un effort physique, et peut disparaître si on la repousse. C'est une hernie inguinale ; parfois, elle existe des deux côtés. Il est donc nécessaire de l'opérer, en resserrant les muscles pour combler l'orifice, ceci afin d'éviter les complications graves de la « hernie étranglée ». Chez la femme, une mauvaise musculature peut donner les mêmes signes, mais la hernie inguinale l'affecte moins souvent.

Est-ce qu'un garçon peut être père dès sa puberté ?

Dès que les testicules fonctionnent d'une façon correcte et qu'il existe des spermatozoïdes en nombre suffisant dans le sperme, il est certain qu'un garçon peut être père. Cependant, à dater des premières éjaculations, un certain délai peut être nécessaire pour trouver des spermatozoïdes dans le sperme ; cela varie suivant les garçons.

« Si la femme a des règles tous les mois, l'appareil génital de l'homme se caractérise au contraire par la remarquable continuité de son fonctionnement. »

L'APPAREIL GÉNITAL DE LA FEMME

À quoi ressemblent les ovaires et où sont-ils placés ?

Les ovaires, comme les testicules, ont la forme d'une amande verte. Leur surface est irrégulière. À certains moments du mois, on y voit une bosselure arrondie, en relief, violacée, le follicule ; à d'autres moments, on peut y déceler une surface d'un relief moins important, d'un jaune franc, le corps jaune. Le reste de la surface est parsemé de cicatrices blanchâtres plus ou moins nombreuses selon l'âge de la femme.
Les ovaires sont situés dans le petit bassin, contre ses parois, l'un à droite, l'autre à gauche.
Leur position n'est pas absolument fixe et n'est pas absolument la même chez toutes les femmes. Ils sont suspendus par un ligament contenant les vaisseaux qui les nourrissent ; celui-là peut se distendre, et les ovaires occupent alors une position plus basse. Ils sont aussi attachés de façon plus ou moins lâche aux autres organes génitaux internes, utérus et trompes, dont ils suivent les déplacements, au cours de la grossesse, par exemple.

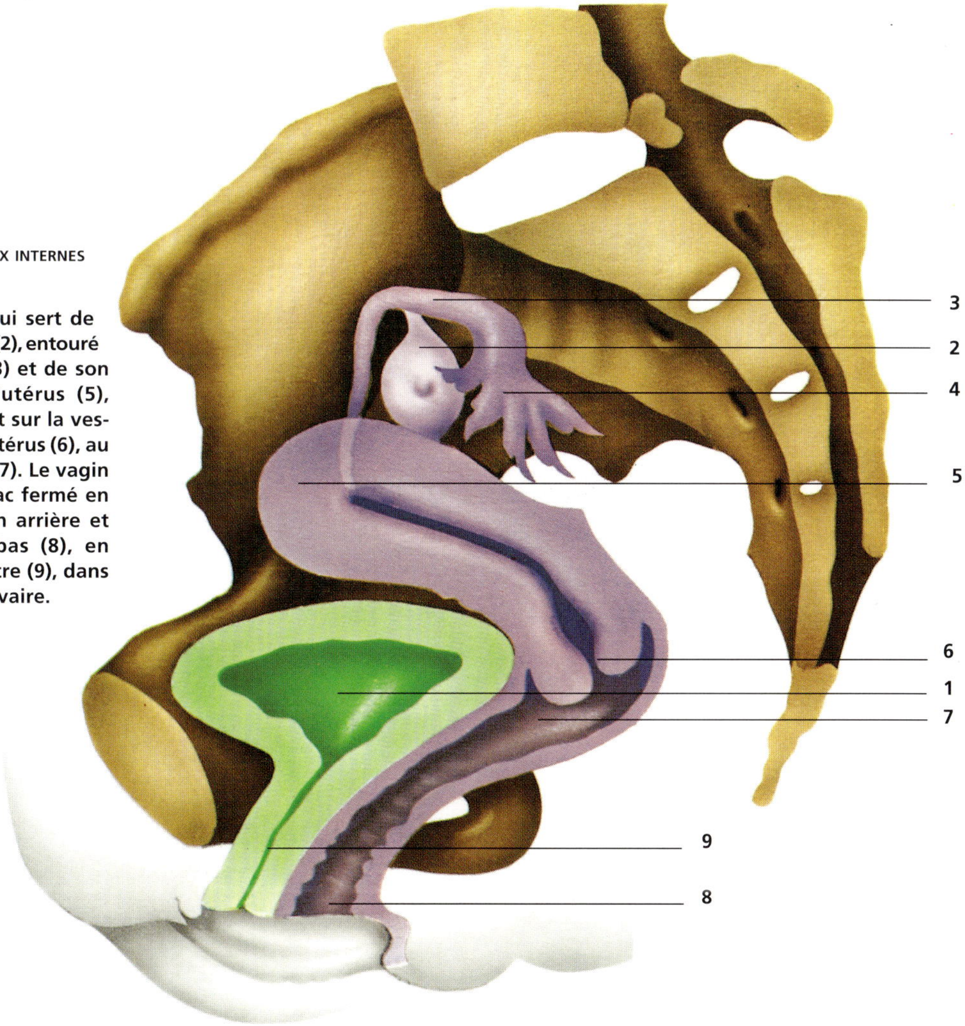

CI-CONTRE :

ORGANES GÉNITAUX INTERNES DE LA FEMME.

La vessie (1), qui sert de repère : l'ovaire (2), entouré de la trompe (3) et de son pavillon (4), l'utérus (5), incliné en avant sur la vessie ; le col de l'utérus (6), au fond du vagin (7). Le vagin est un cul-de-sac fermé en haut, incliné en arrière et s'ouvrant en bas (8), en arrière de l'urètre (9), dans le vestibule vulvaire.

Quels sont les autres organes génitaux internes de la femme ?

Ce sont deux canaux, les trompes, qui permettent la progression, de l'ovaire jusqu'à l'utérus, de l'ovocyte ou de l'œuf fécondé.
Ce sont aussi l'utérus et le vagin. Ce dernier reçoit l'organe sexuel de l'homme au cours des rapports et fait communiquer l'utérus avec l'extérieur.

Comment sont faites les trompes ?

La trompe est un canal qui se termine à l'extérieur, du côté de l'ovaire, par une partie évasée en entonnoir. Cette partie de la trompe s'appelle le pavillon. Le pavillon est fait de franges dentelées qui sont collées au contact de l'ovaire et captent l'ovocyte pondu pour le faire pénétrer dans le très fin orifice de la trompe au fond du pavillon.
Les trompes se dirigent, en suivant un trajet souvent sinueux, vers le milieu du petit bassin et pénètrent, chacune de leur côté, dans les angles supérieurs droit et gauche de l'utérus.

Où se trouve l'organe dans lequel se développe l'enfant ?

Cet organe, qu'on appelle l'utérus, est situé au milieu du petit bassin. C'est un muscle creux. Il ressemble à une poire renversée.
En dehors de la grossesse, il est haut de 8 à 10 centimètres dans sa totalité, épais de 2,5 centimètres, et large, à sa partie la plus haute, de 4 à 5 centimètres.

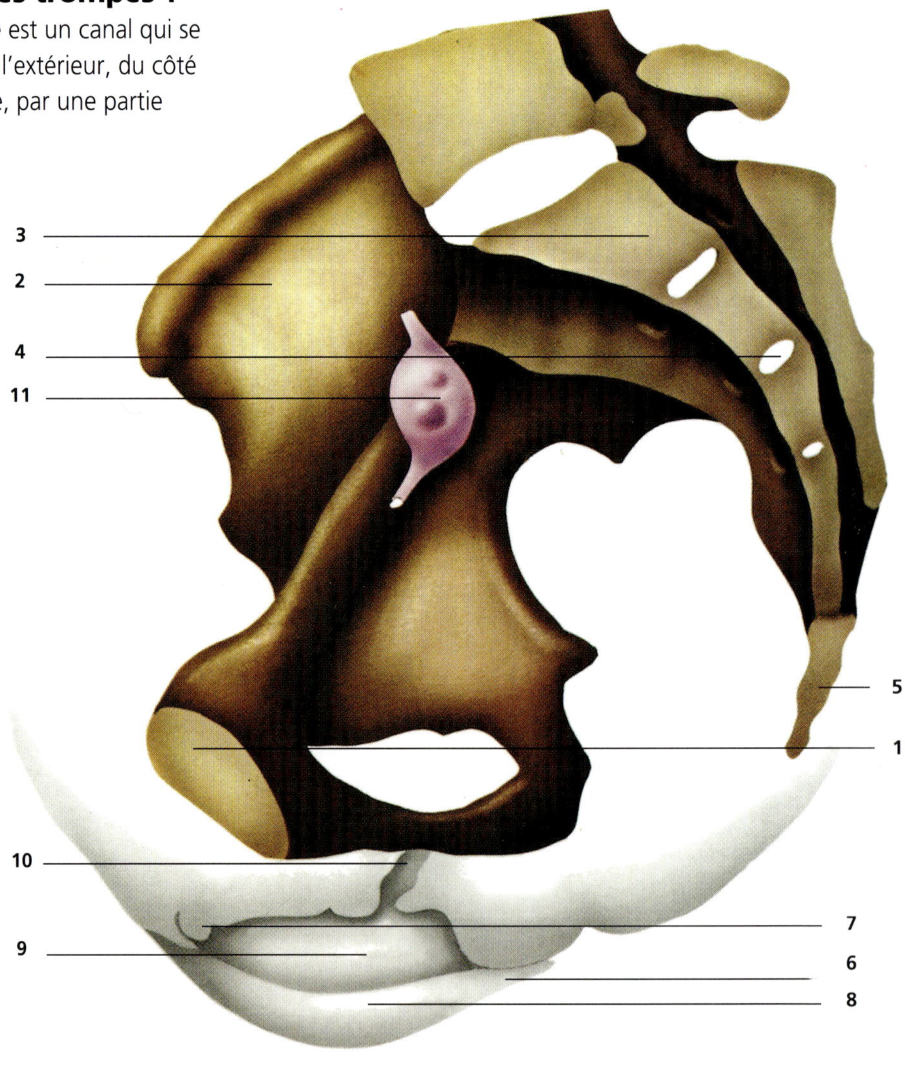

CI-CONTRE :

BASSIN DE FEMME, VU DE PROFIL.

Apparaissent en coupe le pubis (1), l'os iliaque (2) et le sacrum (3), partie inférieure de la colonne vertébrale comprenant les vertèbres sacrées (4) et le coccyx (5).
Sont présentés en plus clair le profil de la vulve (6), le clitoris (7), la grande lèvre (8), la petite lèvre (9) et le vagin (10).
Isolé du reste des organes génitaux internes de la femme, l'ovaire (11).

Sa paroi – un muscle – est épaisse. Au cours de la grossesse, elle se renforce encore considérablement, et le poids de l'utérus passe de 100 grammes à 1 kilo. L'utérus est vertical le plus souvent. Il s'incline en avant, vers la vessie. Il est parfois en rétroversion, c'est-à-dire incliné vers le rectum. La cavité de l'utérus est aplatie d'avant en arrière. Elle a, vue de face, une forme triangulaire. Les deux angles supérieurs communiquent avec la cavité des trompes, et l'angle inférieur avec celle du vagin. L'ensemble trompes-utérus, est recouvert par l'un des replis du péritoine. Le péritoine est une fine membrane qui tapisse tout l'intérieur de l'abdomen et les organes digestifs qui s'y trouvent. Au niveau du petit bassin, le péritoine semble soulevé par une vague qui contient utérus et trompes laissant voir, en avant, la vessie et, en arrière, le rectum. Les organes génitaux internes de la femme sont ainsi au contact des organes abdominaux, mais restent séparés d'eux par la très mince membrane du péritoine.

CI-DESSOUS :

La femme étant, comme dans le dessin précédent, en position gynécologique, on voit en transparence le bassin osseux avec le pubis (1), les branches ischio-pubiennes (2), les os iliaques (3), le coccyx (4). L'orifice ainsi délimité est celui que franchit le bébé au cours de l'accouchement.

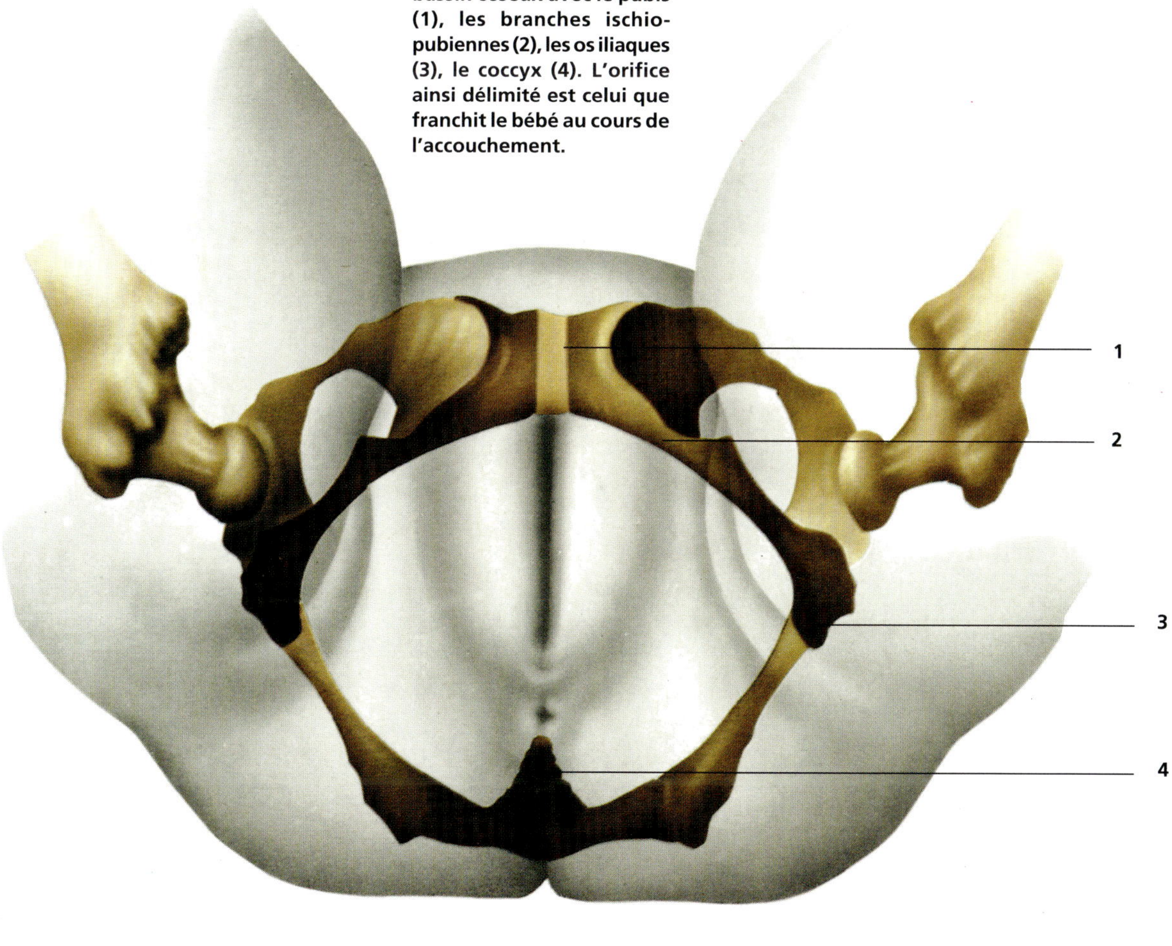

CI-CONTRE :

L'adolescente a des mamelons plus marqués, des seins qui commencent à s'arrondir ; des poils apparaissent sur le pubis, ainsi que sous les bras. La fente vulvaire est horizontale, entre les cuisses ; la taille s'affine.

PAGE DE DROITE :

La petite fille a un corps tout lisse, la fente vulvaire est visible de face. La jeune femme a des seins bien développés, des poils pubiens assez hauts ; son bassin est large, sa taille fine et bien marquée.

Qu'est-ce que le vagin ?

Le vagin fait suite à l'utérus. Il lui est intimement lié. Le col de l'utérus, ou l'extrémité inférieure de cet organe, est situé dans le vagin qui s'attache autour de lui. Le vagin est un canal aplati d'avant en arrière ; il est oblique en haut et en arrière. Sa paroi est faite de muscles, il peut s'agrandir et se dilater de façon très importante. Il s'ouvre à l'extérieur au niveau des organes génitaux externes de la femme (la vulve).

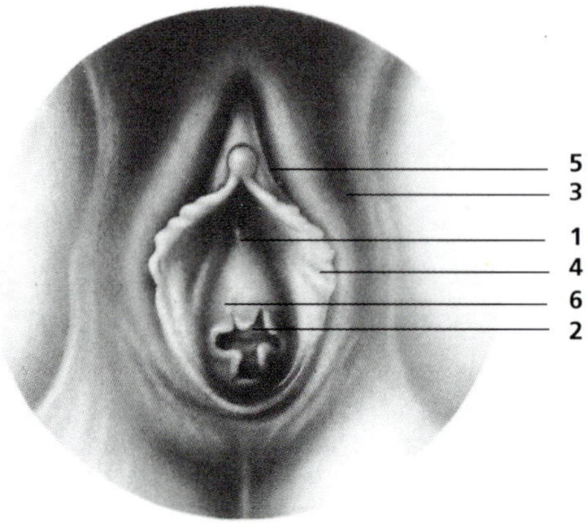

CI-CONTRE :

VULVE

Les grandes lèvres sont ouvertes. L'hymen représenté ici a été distendu et élargi par les rapports sexuels.

1. **Méat urétral.**
2. **Hymen.**
3. **Grandes lèvres.**
4. **Petites lèvres.**
5. **Clitoris.**
6. **Vestibule vulvaire.**

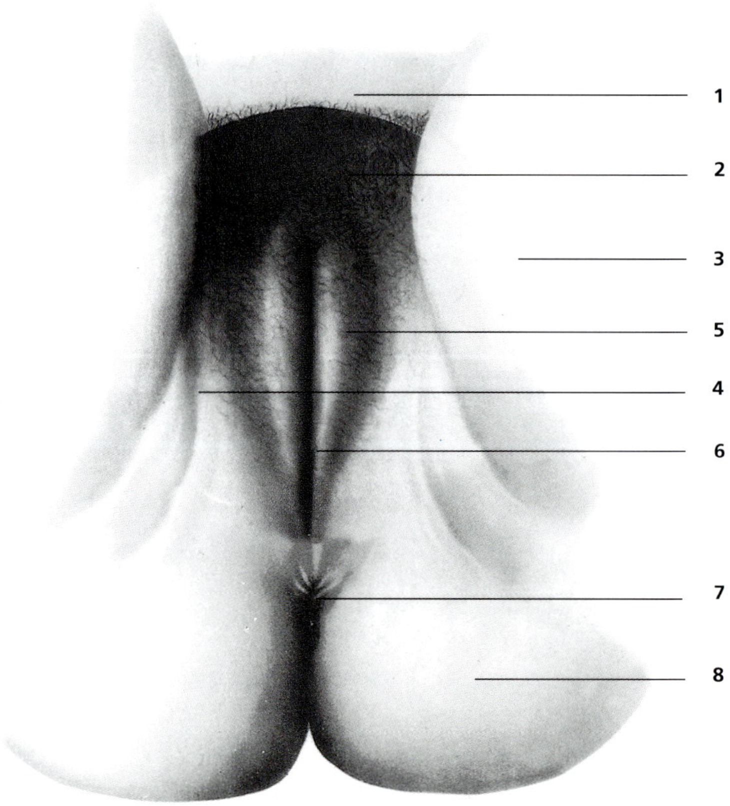

CI-DESSUS :

RÉGION VULVAIRE

1. **Paroi abdominale.**
2. **Mont de Vénus.**
3. **Cuisse.**
4. **Repli génito-crural.**
5. **Grandes lèvres.**
6. **Fente vulvaire.**
7. **Anus.**
8. **Fesse.**

Où se trouve la vulve et à quoi ressemble-t-elle ?

La vulve occupe le périnée, entre les cuisses et en avant de l'anus.
Elle est constituée de deux replis de peau et de muqueuse, à droite et à gauche. Ces replis entourent une région recouverte de muqueuse, légèrement creusée, où s'ouvrent l'urètre et le vagin. Les replis situés le plus en dehors sont recouverts à l'extérieur de poils rejoignant ceux qui recouvrent la région du pubis en bas du ventre. Ces replis, plus ou moins développés, sont appelés les grandes lèvres. Si on les

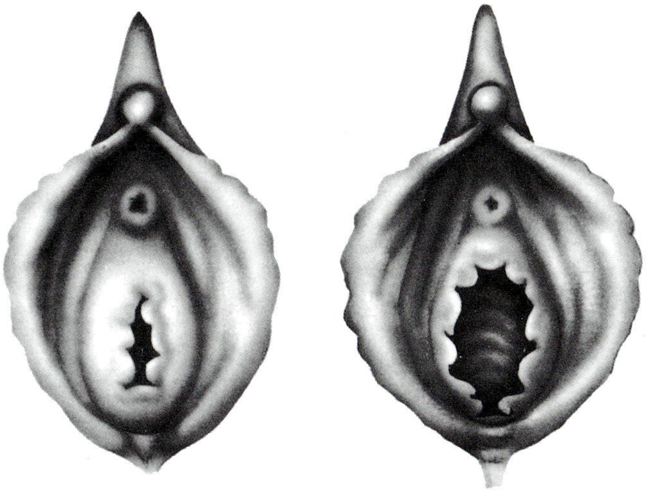

CI-CONTRE :

VULVE DE JEUNE FILLE.

L'orifice hyménéal qui peut avoir des formes diverses (circulaire, étoilée) est ici linéaire. À gauche, vulve d'une femme ayant eu des rapports sexuels : l'orifice est élargi et les bords sont incisés plus ou moins profondément. Après un accouchement (à droite), ces incisures peuvent être accentuées. Les lambeaux d'hymen restant forment parfois des petites tuméfactions cicatricielles, les caroncules hyménéaux.

écarte, on aperçoit les petites lèvres, recouvertes d'une muqueuse lisse, sans poils, parfois colorées en rose plus vif que la peau ou en brun léger. Les petites lèvres sont très souvent plus hautes à leur partie moyenne et dépassent alors les grandes lèvres. Elles se rejoignent en avant et entourent un organe érectile, le clitoris. Le clitoris est relié au pubis par de fines attaches. Il est formé d'une tige terminée par une partie renflée, le gland.

Comme tous les organes érectiles, le clitoris peut se remplir de sang et augmenter de volume.
À ce moment-là, il remonte vers le pubis en se redressant. Il est très sensible au contact. Grâce à cette sensibilité, il joue un rôle important au cours des rapports sexuels.
Le fond de la vulve s'appelle le vestibule. C'est une zone ovalaire et terminée en avant par le clitoris. Juste derrière lui, s'ouvre le méat urétral par lequel l'urine est évacuée.
En arrière du méat se trouve l'orifice du vagin.
Cet orifice est, dans l'espèce humaine seulement, en partie fermé par une membrane appelée hymen. L'hymen est en général assez souple, percée d'un orifice de forme et de dimensions variables.

« Souvent, lors du premier rapport sexuel complet, l'orifice de l'hymen s'ouvre suffisamment pour ne plus subir par la suite de modifications importantes. »

LA VIRGINITÉ

Qu'est-ce que le pucelage ?

Le pucelage est l'état d'un garçon ou d'une fille qui n'a pas encore eu de rapports sexuels. On dit aussi, surtout pour les filles : virginité. Si l'intégrité de l'hymen (voir plus loin) est le signe de la virginité chez la fille, il n'y a aucun signe physique de la virginité chez le garçon.

Quand l'hymen se déchire-t-il ? Est-ce que, lors des premiers rapports, la femme a des pertes de sang ? Est-ce dangereux de mettre des tampons ? Qu'est-ce que la virginité pour une fille ?

L'hymen intact, qui ne laisse difficilement passer qu'un doigt, est le signe de la virginité physique, c'est-à-dire le signe que la jeune fille n'a pas eu jusqu'alors de rapports sexuels vaginaux complets.

Mais cet orifice peut s'élargir, sans se déchirer, quand elle met en place un tampon périodique interne.

Il s'élargit de la même façon au cours du premier rapport sexuel. Néanmoins, si l'hymen n'est pas très souple ou si l'orifice est particulièrement étroit, il peut se déchirer légèrement et très superficiellement : d'où une hémorragie infime, qui n'est ni grave ni douloureuse.
Le premier rapport sexuel, ou l'utilisation de tampons laissent l'orifice hyménéal plus largement ouvert, avec parfois de petites échancrures superficielles au pourtour de l'orifice. Il faut bien veiller à ne pas oublier un tampon dans le vagin après la fin des règles. Le fil du tampon permet de le retirer facilement du vagin.

L'hymen d'une jeune fille qui, après avoir eu des rapports sexuels, s'abstient d'en avoir, peut-il se refermer ? Peut-on redevenir vierge ?

Même en l'absence d'autres rapports ou d'autres traumatismes, l'orifice hyménéal, après qu'il a été élargi ou déchiré, ne peut en aucune façon se refermer.

Perd-on sa virginité au premier rapport ?

En général, au cours d'un premier rapport sexuel complet, l'orifice de l'hymen s'ouvre suffisamment pour ne plus subir par la suite de modifications notables. Cependant, si les rapports sexuels sont fréquents, il peut encore s'élargir un peu, surtout si le premier d'entre eux s'est, par malchance, déroulé dans une atmosphère de crainte ou n'a pas été complet.
Si, dans certains cas très précis, on peut affirmer médicalement qu'une jeune fille est vierge, il faut bien se rendre compte que les dimensions et la souplesse de l'orifice hyménéal sont très variables et qu'il est souvent bien difficile d'affirmer qu'une jeune fille a eu, ou non, des rapports sexuels.

Qu'est-ce que la défloration artificielle ?

Il est absolument exceptionnel qu'une jeune fille soit forcée de recourir à la défloration artificielle quand son hymen est particulièrement épais, rigide, avec un orifice très étroit. Si la chose cependant paraît nécessaire, les tentatives de rapports se révélant très douloureuses et aboutissant à des échecs, le médecin pratique alors plusieurs petites incisions en étoile de la membrane hyménéale.
Les suites de l'opération sont peu gênantes, la muqueuse se cicatrisant très vite.
Dans certains cas très rares, l'hymen peut ne présenter aucune perforation. La même petite intervention sans gravité permettra l'écoulement des premières règles.

« Étant donné la souplesse de l'hymen et les dimensions variables de son orifice, il est souvent difficile d'affirmer qu'une jeune fille a eu, ou non, des rapports sexuels. »

Est-ce que certains sports peuvent entraîner une déchirure de l'hymen ?

On accuse souvent l'équitation et la danse classique, à cause des grands écarts, de provoquer la déchirure de l'hymen. Cela semble bien improbable. En revanche, certains accidents comme ceux qui peuvent survenir en tombant de cheval, ou sur un piquet de clôture, peuvent provoquer une plaie au périnée avec déchirure de l'hymen. Ces accidents sont, on le devine, extrêmement peu fréquents.

LA PUBERTÉ

L'ÉVEIL SEXUEL

À quel âge commence-t-on à avoir des besoins sexuels ?

Un observateur distrait pourrait croire que l'enfant de dix ans ne montre guère de curiosité pour les faits sexuels ; celui-ci ne joue plus « au docteur », ni « au papa et à la maman », et l'exploration de son corps a apparemment cessé de l'intéresser.
C'est qu'il a dû appliquer toute son énergie à l'apprentissage du métier d'écolier. Il lui a fallu s'entendre avec ses camarades, partager leurs occupations, accepter de ne pas être le plus fort en calcul ou en dictée.
Et maintenant il sait lire, écrire, compter. Mieux encore, il s'essaie à réfléchir. Il n'a plus besoin pour raisonner de s'appuyer sur l'exemple d'objets réels : des chiffres lui suffisent.

PAGE DE GAUCHE :

Trouble de la première rencontre, des premières promenades à deux à la recherche de l'autre.

Toutefois pendant cette période difficile, la sexualité, bien qu'assoupie, n'en existe pas moins.
Il arrive de plus en plus aujourd'hui que garçons et filles, avant même la puberté, s'interrogent sur les caresses, le baiser, le plaisir et la rencontre sexuelle.
Certains matins, en effet, le garçon se réveille avec une verge raide et dure.
Ces érections se produisent aussi en d'autres occasions, à la suite d'une émotion par exemple, ou bien au cours d'une promenade à bicyclette ou à cheval.
Le phénomène est tout-à-fait normal et il prouve la bonne marche du moteur sexuel ; de même, chez la petite fille, le gonflement des seins et l'élargissement du bassin, qui la préparent à son rôle futur de mère. Et l'apparition des poils au bas du ventre, tant chez le garçon que chez la fille, annonce la puberté prochaine. Le mot de puberté, qui indique la soudaine accélération du moteur sexuel, tire justement son origine de pubis.

Pourquoi les hommes ne sont-ils pas comme les femmes ?

L'enfant de 10 ans connaît la différence des sexes. Il sait qu'un garçon et une fille sont différents, et cela sur de nombreux points :

- leurs organes sexuels sont dissemblables, bien que complémentaires, et contribuent à une même fonction : la reproduction, la naissance d'un bébé.
- la famille et la société réclament du garçon et de la fille des qualités et des tâches différentes.

Tout autant que par l'anatomie, ils diffèrent par leur comportement psychologique. Le premier, depuis son enfance, se montre naturellement batailleur, plus fort, plus entreprenant

et plus hardi, tandis que la seconde, plus douce, plus patiente, s'adonne parfois à des travaux manuels (décoration, cuisine, soins divers, etc.).
Pour se conduire comme un homme ou comme une femme, l'enfant a des modèles privilégiés :

1. L'exemple de ses parents : vers 4 ou 5 ans, quand il se rend compte de la différence des sexes et de l'intimité de son papa et de sa maman, l'enfant désire très fort le parent du sexe opposé.
Un médecin autrichien, Freud, a décrit cet amour sous le nom de « complexe d'Œdipe » : Œdipe était un personnage de l'Antiquité qui tua sans le savoir son père, et épousa sa mère.
Mais l'enfant est trop faible et trop petit pour espérer rivaliser avec son père ou avec sa mère. Il ne lui reste qu'à essayer de leur ressembler le plus possible, à devenir fort et puissant comme papa, à emprunter la douceur, le charme et la patience de maman.
Et toutes ces qualités lui permettront, plus tard, de se faire aimer d'un partenaire.

« Œdipe, personnage de la mythologie grecque, a été poussé par le destin à tuer son père, puis à épouser sa mère. »

2. D'autres modèles lui sont proposés par la société elle-même. En notre siècle, où la télévision, les journaux, les livres, le cinéma, nous sollicitent chaque jour, les modèles qui inspirent aux enfants un besoin d'imitation ne manquent pas ; ils vont des dieux du stade aux idoles de groupes de rock ou de rap, en passant par les vedettes de cinéma. Le garçon calque son attitude et son comportement sur le héros du dernier film passé à la télévision et la petite fille veut ressembler à l'héroïne du feuilleton ou à un top modèle.

3. Enfin, **les rencontres** entre filles et garçons, dans les familles, à l'école, dans la rue, se font toujours plus nombreuses : elles donnent à chacun l'occasion de mieux connaître l'autre sexe, mais aussi de mieux s'en différencier.
Jusqu'à l'âge de 10 ans environ, s'ils acceptent de se côtoyer, s'ils se taquinent, se boudent, se méprisent, se réunissent parfois pour découvrir la solution d'un problème, leurs jeux, à ce stade, restent très différents.

Ainsi, même à l'école, garçons et filles apprennent à distinguer les rôles masculin et féminin. Si ces rôles sont dissemblables, ils demeurent cependant d'égale importance, d'autant qu'ils tendent aujourd'hui, dans notre société, à se rapprocher. Ainsi, aucun sexe ne peut prétendre à la supériorité sur l'autre.

Pourquoi s'intéresse-t-on tant à la sexualité à 15 ans et si peu à 10 ans ?

L'enfant de 10 ans est riche d'expériences.
Il a donc, parfois, mais pas toujours, momentanément fait taire sa curiosité sexuelle.
Pourquoi ? Freud prétendait que l'enfant, à cette époque, se désintéressait des faits sexuels pour mieux travailler en classe, pour parfaire son développement sur les plans physique, intellectuel et social.
La puberté sonne le réveil de l'instinct sexuel assoupi depuis bien des années. Ce réveil est à l'origine de transformations profondes qui n'épargnent aucun secteur de la personnalité : le corps, l'esprit, le cœur. Chez la fille il est marqué par la première menstruation et chez le garçon, par la première éjaculation le plus souvent nocturne, de sperme.

LES TRANSFORMATIONS CORPORELLES

Que signifient les règles ?

Les premières règles constituent un grand événement chez la jeune fille. Sa mère l'en a probablement avertie depuis longtemps. Elle sait qu'il s'agit d'un événement heureux, qui traduit d'une façon formelle son passage de l'enfance à l'adolescence. Désormais, chaque mois, ses glandes sexuelles vont produire un ovocyte. Malgré quelques irrégularités au début, l'appareil sexuel s'est mis en marche. Il faut souligner qu'en aucun cas la jeune fille ne doit vivre ces premières règles comme une souillure. Pendant des siècles, beaucoup de femmes les ont considérées comme un signe d'infériorité par rapport à l'autre sexe. Chez certaines peuplades primitives, les femmes, pendant leurs règles, étaient obligées de se retirer dans une maison qui leur était spécialement réservée. Aujourd'hui, on ne connaît plus de semblables superstitions, encore que certaines religions continuent d'imposer à la femme de nombreux interdits et tabous, en période de règles. Les règles sont un phénomène naturel qui confirme la jeune fille dans ses capacités de procréation : elle est désormais sur le chemin qui la conduira à son plein épanouissement de femme et de future mère. En aucun cas, les règles ne doivent perturber ses activités ; elles sont en effet d'autant plus douloureuses qu'elles sont redoutées. Les jeunes filles doivent savoir cependant que la période des règles peut imposer un climat de mélancolie, qui se dissipe rapidement.

Quelles sont les premières manifestations de la puberté chez un garçon ?

Ce sont les premières émissions de sperme. Si la jeune fille est confirmée dans sa puberté par un phénomène indiscutable, la menstruation, chez le garçon, les signes sont souvent moins évidents. La première émission de sperme peut être retardée par rapport aux signes pubertaires quand le garçon ignore la masturbation et ne conduit pas l'excitation érotique à son terme. D'autre part, il méconnaît souvent la signification de cette sécrétion dont il n'a pas été prévenu. Il en éprouve alors de la gêne et un peu de honte. Aussi, le plus souvent, garde-t-il son secret. De leur côté, en général, les mères « ne disent rien ». Pourtant, cette première éjaculation constitue, elle aussi, un événement heureux. Elle confirme le passage de l'enfance à l'adolescence. Elle est donc un phénomène naturel, dont il importe d'être fier. Les glandes sexuelles travaillent à plein. Comme les rapports sexuels ne sont pas, à cet âge-là, possibles dans notre société, l'adolescent a de fréquentes émissions nocturnes, qu'on appelle aussi « rêves humides ». C'est en effet à l'occasion de certains rêves, ou de certaines émotions, qu'il se libère des spermatozoïdes que fabriquent ses testicules. Le garçon devient un homme.

« Pour devenir des êtres civilisés, disait Freud, il nous faut passer par cette phase de silence sexuel, qu'il appelait phase de latence. »

En l'absence d'émission de sperme, n'y a-t-il pas d'autres signes de puberté ?

Ce problème inquiète bien des adolescents. Il est plus facile d'affirmer qu'une fille est pubère. Les règles en sont une preuve évidente. Pour le garçon, la preuve irréfutable qui signerait sa puberté peut tarder à se produire, ou bien être soigneusement tenue secrète. Certes, les transformations du corps, des organes sexuels, l'apparition des poils pubiens et des poils sous l'aisselle peuvent le faire suspecter. Cependant, il arrive qu'un garçon non averti ne sache pas à quoi attribuer la transformation qu'il perçoit en lui, et en dehors de lui.

Aussi, dans certaines peuplades primitives, y a-t-il des rites initiatiques qui marquent le passage de l'enfance à l'adolescence.

Des rites initiatiques ?

Oui, ce sont des épreuves qui, solennellement et aux yeux de tous, introduisent le jeune garçon, désormais considéré comme un adolescent, dans la vie communautaire, sociale et mythique du clan. Avec les adultes, il ira chasser, pêcher, combattre. Auparavant, il aura dû prouver son courage, sa persévérance, et son sens des responsabilités au cours de différentes épreuves, plus ou moins pénibles.

Avons-nous, dans notre civilisation, des équivalents de ces rites initiatiques ?

Non. Si bien que les jeunes ont à se prouver à eux-mêmes qu'ils sont devenus des hommes. Les succès sportifs, la compétition scolaire ne suffisent pas toujours. Beaucoup d'adolescents fument très tôt ou aspirent à conduire des voitures et des motos ce qui, à leurs yeux, les confirme dans leur nouveau statut. Ailleurs, la communion peut être vécue comme un symbole d'entrée dans la vie d'adulte. À moins qu'il ne faille attendre la première relation sexuelle.

CI-CONTRE :

L'adolescent cherche à s'affirmer comme homme ou comme femme. Notre société ne lui offre pas les rites initiatiques qui, chez les peuples primitifs, introduisent le jeune dans la communauté des adultes. Pygmée aux dents limées, Nord du Congo.

Dès les premières émissions de sperme et les premières règles, le garçon et la fille sont-ils aptes à procréer ?

En principe, oui, puisque l'un et l'autre de ces phénomènes montrent la fabrication des spermatozoïdes, d'une part, et des ovocytes de l'autre.
Cependant, la nature a prévu une certaine marge, comme si elle s'était rendu compte que le jeune garçon et la jeune fille devaient mûrir un peu avant d'assumer la responsabilité d'une naissance.
Selon certaines expériences, la capacité de reproduction ne surviendrait que de 6 à 12 mois après les premières émissions de sperme et les premières règles, mais cela n'est pas constant. Aussi faut-il prendre des précautions anticonceptionnelles dès les premiers rapports.

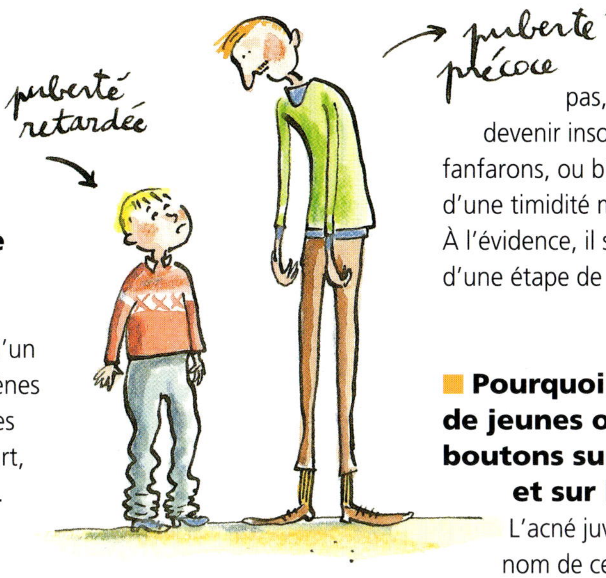

Pourquoi l'adolescent est-il si souvent insatisfait de son corps ?

Les transformations du corps posent toujours à l'adolescent un difficile problème d'adaptation.
L'adolescent doit accepter la transformation de son corps d'enfant en un corps d'homme ou de femme.
Mais cette transformation s'accompagne souvent d'une déformation des traits du visage au niveau du nez, de boutons d'acné, d'un premier duvet sur la lèvre.
Le garçon, comme la fille, s'en trouvent gênés.
L'adolescent doit cependant savoir qu'il s'agit là d'une ébauche, fort éloignée du dessin définitif.
Beaucoup se montrent toutefois impatients et mécontents : l'image qu'ils se font d'eux-mêmes ne correspond en rien à leur idéal esthétique. L'un trouve ses cheveux mal plantés, l'autre ses oreilles décollées, l'autre encore ses cuisses trop grosses.
Leurs tics témoignent d'une insatisfaction perpétuelle, qui va parfois même jusqu'au désespoir.
Elle est d'autant plus vive que le besoin de plaire est grand. Alors, parce qu'ils se déprécient et ne s'acceptent pas, ils peuvent devenir insolents, violents, fanfarons, ou bien alors d'une timidité maladive.
À l'évidence, il s'agit d'une étape de transition.

Pourquoi beaucoup de jeunes ont-ils des boutons sur le visage et sur le dos ?

L'acné juvénile (c'est le nom de ces boutons) semble en effet être en rapport avec le taux des hormones sécrétées par les glandes sexuelles.
À la puberté, ces substances chimiques qui sont à l'origine de toutes les modifications physiques et sexuelles, circulent dans le sang, en quantités très élevées.
Aussi n'est-il pas étonnant que l'acné connaisse à cette époque sa fréquence la plus grande. Plus tard, chez l'adulte, les hormones sont toujours présentes, mais s'équilibrent mieux entre elles. Si bien que l'acné se stabilise, puis disparaît.
Il bénéficie aujourd'hui de traitements efficaces qui permettent aux adolescents de retrouver leur équilibre et leur aptitude à plaire.

LES TRANSFORMATIONS PSYCHOLOGIQUES

Le corps est-il seul à se transformer à la puberté ?

Jusque vers l'âge de 11-12 ans, la taille de l'enfant ne s'accroît que de 4 centimètres par an. Brusquement, dans l'année où les glandes sexuelles activent leurs sécrétions, le garçon ou la fille pubère grandit de 10 à 12 centimètres. Le corps prend son élan pour atteindre sa forme et sa taille définitives. En quelques années, le petit garçon sera devenu un homme et la petite fille une femme.
L'intelligence connaît aussi, sur la lancée de l'instinct sexuel, un nouveau développement.
L'adolescent devient capable de raisonner sans avoir à recourir à des exemples concrets. Il peut discuter et juger d'événements qui ne le concernent pas, ou qui n'existent pas dans la réalité. Son intelligence lui est désormais un outil efficace pour affronter les problèmes quotidiens ou pour prévoir l'avenir. Les relations que l'adolescent entretenait avec son entourage se modifient beaucoup à cette époque. À partir du moment où les glandes sexuelles fonctionnent à plein régime, il a une sexualité, sinon une vie sexuelle.
Le monde lui apparaît d'une manière nouvelle : il y a, d'une part, ceux vers qui il se sent attiré physiquement et, d'autre part, ceux à qui l'attachent des liens de parenté et de camaraderie.

Pourquoi, à la puberté, les différences entre les jeunes gens deviennent-elles parfois considérables ?

Parce que l'âge de la puberté n'est pas identique chez tous. Si bien que, d'un enfant à l'autre, le comportement, comme la taille, peuvent varier dans des proportions notables. La vie, et la vie scolaire notamment, devient aussi plus difficile à cette époque. Certes, la plupart des enfants de cet âge accordent une attention privilégiée à leur réussite scolaire et se soucient de leur avenir professionnel, comme le démontrent des enquêtes récentes.
Tous, cependant, n'abordent pas cette étape à chances égales. À cet égard, on peut distinguer grossièrement deux cas extrêmes :

- les pubertés trop précoces,
- les pubertés retardées.

1. Dans les pubertés précoces, les transformations du corps surviennent 2 ou 3 ans avant l'âge habituel, parfois dès 9-10 ans. L'intelligence ne suit pas la même évolution ; le comportement avec les camarades et dans le milieu familial demeure celui d'un enfant.
L'adolescent, qui a grandi trop vite, souffre du ridicule de sa silhouette, et se courbe pour être à la hauteur de ses camarades. Il refrène ses manifestations sexuelles : il a honte de ses érections, de ses « rêves humides » nocturnes.
D'un autre côté, le prestige dont il jouit auprès de ses camarades, grâce à sa grande taille, renforce son humeur

PAGE DE DROITE :

L'adolescence est cette période cruciale, au cours de laquelle le jeune parachève toutes les expériences qui le conduisent à maturité... ou plutôt à ses maturités du corps, du sentiment et de l'intelligence.

Jeune pratiquant le « piercing ». Souvent, stimulés par le besoin de plaire, les adolescents se mettent en quête d'un style original.

batailleuse. Il devient querelleur, instable, coléreux.

2. Les pubertés retardées sont, elles aussi, à l'origine de bien des angoisses chez les jeunes. Il est des enfants de 15-16 ans chez qui la puberté tarde à se manifester. Quand ils comparent leur taille, leur musculation et leurs organes sexuels avec ceux de leurs camarades du même âge, ils se sentent humiliés. Que ces adolescents se rassurent, la taille du pénis peut varier selon les individus comme celle de n'importe quel autre organe sans avoir de conséquences fâcheuses. À l'âge adulte, les différences de taille du pénis sont minimes. Redisons à ces jeunes gens qui éprouvent l'angoisse de ne pas grandir, que rien n'est perdu. Souvent, ils rattrapent leur retard et au-delà, dès que le moteur sexuel se remet en marche. S'il arrive qu'au-delà de 16-17 ans la puberté se fasse attendre, le médecin interviendra efficacement.

Que faut-il faire pour être aimés, admirés ?

Stimulés par le besoin de plaire, les adolescents se mettent en quête d'un style original. Ils prêtent toute leur attention à leurs vêtements ; ils sont à la recherche de l'objet qui rehausserait leur personnalité. Cette étape est absolument normale. Elle est aussi cruciale. Les jeunes gens doivent savoir qu'ils ne peuvent espérer trouver une nouvelle place dans leur famille, dans leur milieu scolaire, ou dans une profession, tant qu'ils n'auront pas accepté leur corps. Pour entretenir de bonnes relations avec autrui, il faut d'abord vivre en bonne intelligence avec son propre corps. « On ne peut pas aimer les autres si l'on ne s'aime pas soi-même ». Aussi, les adolescents ne doivent pas hésiter à s'ouvrir de ces problèmes à leurs parents ou à leur médecin. Ils pourront être rassurés et aidés. Il est vrai également que les enfants qui ont eu, très jeunes, la chance de satisfaire leur curiosité sexuelle, acceptent plus facilement les transformations de la puberté. Le garçon est heureux d'avoir de la barbe et des poils. Il n'aura pas honte de ses érections ; tandis que la jeune fille, avertie, connaît la signification des règles ou des modifications de sa poitrine. Ils savent l'un et l'autre qu'ils accèdent à un nouveau palier : ils deviennent homme et femme.

LA MASTURBATION

Qu'est-ce que la masturbation ?

On dit qu'on se masturbe lorsqu'on caresse ses propres organes génitaux, afin de se procurer un plaisir sexuel.

La masturbation de l'adolescent est-elle identique à celle de l'enfant et du nourrisson ?

Non. Deux points essentiels les différencient :

1. Alors que, chez le nourrisson, elle n'est provoquée que par des causes extérieures (soins de toilette, sous-vêtements rugueux), chez l'adolescent elle traduit au contraire une accélération du moteur sexuel, accélération qui se produit sous l'influence de la glande hypophysaire. Celle-ci, en effet, commande les glandes sexuelles (testicules et ovaires).

2. Seule la masturbation de l'adolescent peut aboutir au point culminant du plaisir sexuel, l'orgasme.

La masturbation n'entraîne-t-elle pas des conséquences fâcheuses ?

La masturbation doit être considérée comme une étape normale dans la sexualité de l'adolescent. Entre 12 et 16 ans, près de 90 % des jeunes garçons contre 40 % des jeunes filles y recourent. Cette exigence de l'instinct atteint son apogée à l'âge de 15 ans. Or notre société impose à l'adolescent des tabous rigoureux : pour satisfaire son instinct, il n'a d'autre choix que de se servir de son propre corps. Il se masturbe pour faire cesser une tension sexuelle qui peut être douloureuse.
Dans le plaisir solitaire, les jeunes gens débordent d'imagination. Ils construisent un monde de rêve, à partir de rencontres quotidiennes, d'une lecture ou d'un film. Contrairement à ce que certains peuvent penser, la masturbation n'influe pas sur la taille de la verge.

> **« L'erreur serait de croire que la masturbation favorise la timidité ; c'est au contraire parce qu'on est timide et qu'on a des problèmes qu'on la pratique. »**

Elle est sans danger si elle ne représente qu'une étape dans le développement sexuel. Elle a même son utilité, puisque le garçon et la fille, grâce à elle, vont développer dans leur imagination leur désir pour un partenaire. Cependant, le danger de la masturbation réside dans le sentiment de faute que peuvent avoir certains adolescents et auquel ils livrent un combat désespéré.

Pourquoi donc, fait-on tant d'histoires à propos de la masturbation ?

C'est que, pendant des siècles, elle a été considérée par des savants sérieux comme un vice effroyable. On la disait responsable de la tuberculose, de la folie, de la paralysie. Beaucoup de parents, encore aujourd'hui, bien qu'ils ne croient plus à de telles superstitions, redoutent pour leurs enfants un retard de croissance ou des difficultés scolaires.

La masturbation s'arrête-t-elle d'elle-même ?

La masturbation devrait disparaître d'elle-même vers l'âge de 16 à 17 ans. Il arrive que des adultes continuent à la pratiquer. C'est que, dans certains cas, il est difficile d'abandonner des habitudes acquises. Mais le danger est que la masturbation devienne un solution de facilité pour le jeune ayant du mal à nouer des relations. Il se recroqueville dans sa coquille et se renferme sur lui-même. Alors, lorsqu'elle persiste au-delà de 17 ans, il ne faut pas hésiter à demander de l'aide à ses amis, à ses parents, à son médecin. Le dialogue seul peut exorciser l'angoisse.

LES RÈGLES

LES PREMIÈRES RÈGLES

À quel âge surviennent les premières règles ?

L'âge de la puberté est variable d'une fille à une autre. Il dépend des conditions socio-économiques et non du climat. En général, les premières règles apparaissent entre 12 et 14 ans, mais elles peuvent survenir soit plus tôt, vers 10 ans, soit plus tard, vers 16 ans, sans qu'il existe la moindre anomalie génitale.

PAGE DE GAUCHE :

L'apparition des premières règles – généralement entre 12 et 14 ans – marque l'âge de la puberté. Elles sont précédées d'une série de modifications qui, progressivement, transforment le corps de la petite fille en corps de femme. C'est de sa mère que la toute jeune fille doit apprendre ce qui se rapporte aux règles, avant leur apparition.

Est-ce qu'une puberté précoce entraîne une ménopause précoce ?

Non, au contraire : on a souvent remarqué que plus les règles sont précoces, plus la ménopause est tardive, et inversement. Ce que l'on peut affirmer, c'est le caractère familial de l'âge de la puberté et de la ménopause.

Qu'est-ce qui déclenche les premières règles ?

L'apparition des règles est l'aboutissement d'un mécanisme très complexe : le cycle menstruel.
Les premières règles surviennent lorsque l'ovaire est capable de fabriquer des hormones à un taux suffisamment élevé pour développer la muqueuse qui tapisse la cavité utérine.
La sécrétion ovarienne est elle-même sous la dépendance de l'hypophyse.
Ainsi l'on peut, de façon schématique, distinguer un mécanisme de commande dont le siège est situé à la base du cerveau, où se trouve une glande : l'hypophyse.
L'hypophyse reçoit des ordres du système nerveux, lui-même très sensible aux variations des hormones sécrétées par l'ovaire.
En réponse à ces incitations, l'hypophyse sécrète des substances chimiques : les hormones hypophysaires, qui s'écoulent dans le sang et vont porter des ordres aux ovaires. Ces hormones sont de véritables messagers par lesquels se règlent les échanges entre l'hypophyse, l'ovaire et la muqueuse utérine.

L'apparition des règles entraîne-t-elle le développement de la poitrine ?

Oui et non. Le développement de la poitrine est dû à la sécrétion par l'ovaire des hormones féminines appelées œstrogènes. Ces hormones interviennent également dans le déclenchement des règles. La poitrine se développe avant l'apparition des premières règles. On assiste ainsi à toute une série de transformations qui caractérisent la période prépubertaire. Tout d'abord, la petite fille grandit en quelques mois d'une dizaine de centimètres environ. La poitrine commence à se développer : le mamelon se pigmente, puis la glande se développe. Les poils apparaissent au niveau du pubis, puis sous les aisselles. La taille s'affine, la petite fille se transforme peu à peu en adolescente.

Pourquoi est-ce qu'on a des boutons et des points noirs ?

Sous l'influence des hormones sexuelles, la peau se modifie : les glandes sébacées, qui sécrètent une substance protectrice, forment parfois des boutons d'acné assez disgracieux, de même que des points noirs, ou comédons, qui bouchent les pores des glandes. Ces troubles sans gravité, mais préoccupants du point de vue esthétique, sont transitoires ; ils peuvent nécessiter, s'ils persistent, un traitement de la peau.

« Contrairement à l'homme, qui lors de chaque éjaculation libère en moyenne 350 millions de spermatozoïdes, la femme n'a normalement qu'une ovulation par mois. »

Sait-on quand la croissance est terminée ?

Oui, on peut le savoir assez exactement, en recherchant l'âge osseux par la radiographie du poignet (qui montre le degré d'ossification du cartilage de conjugaison : une fois celui-ci complètement ossifié, la croissance est finie), ou du pouce (qui montre la présence ou l'absence d'un petit os, le sésamoïde du pouce, qui apparaît vers 13 ans).

Qu'est-ce que la glaire cervicale ?

Les hormones ovariennes n'agissent pas seulement sur la muqueuse, mais aussi sur d'autres organes sensibles à son action. C'est ainsi que le col et le vagin se modifient sous l'influence des œstrogènes. La formation de la glaire cervicale, liquide filant et transparent sécrété par les nombreuses glandes qui tapissent le canal endocervical, augmente progressivement au cours des deux premières semaines du cycle menstruel jusqu'au moment où la sécrétion d'œstrogènes atteint son maximum. Puis, dès que l'ovulation a eu lieu, le col se ferme et la glaire se tarit. Ces phénomènes facilitent

évidemment la montée des spermatozoïdes au moment de l'ovulation, car tout concourt chaque mois à favoriser le rapprochement du spermatozoïde et de l'ovocyte. La perception de la glaire par la femme est à la base d'une méthode de contraception, dite méthode Billings.
Elle est subjective et beaucoup trop aléatoire pour constituer une méthode fiable.
Il ne faut pas confondre la glaire sécrétée par le col avec le liquide de lubrification sécrété par le vagin.
La sécrétion de ce dernier est déclenchée par le désir sexuel et facilite le rapport.

LE CYCLE MENSTRUEL, L'OVULATION

Mais pourquoi est-ce que les règles viennent exactement tous les mois ?

En principe, les règles surviennent selon un rythme périodique d'environ 28 jours. Envisageons d'abord ce qui se passe au niveau de l'ovaire au cours d'un cycle.
Dès l'apparition des règles, un nouveau cycle commence. Un follicule se développe à la surface de l'ovaire ; il devient de plus en plus gros sous l'influence des hormones hypophysaires. On peut le voir à l'œil nu sur l'ovaire, où il atteint la taille d'une noisette. Lorsqu'il atteint une taille suffisante, il éclate, libérant l'ovocyte qu'il contenait.
L'ovocyte, petite cellule encore invisible à l'œil nu, est capté par l'ampoule de la trompe, et il s'y engage à la rencontre (hypothétique) d'un spermatozoïde qui aurait aussi à atteindre le tiers externe de la trompe, où a lieu la fécondation.
Si l'ovocyte n'est pas fécondé, il disparaît. De toute façon, le follicule ouvert sous l'influence de la deuxième hormone hypophysaire, appelée LH, se transforme en corps jaune, petite masse graisseuse qui doit son nom à sa couleur, et qui sécrète une substance, la progestérone, qui agit à son tour sur la muqueuse, en la préparant à l'éventuelle nidation d'un œuf.
En cas de fécondation, l'œuf envoie un message à l'ovaire et le corps jaune continue à sécréter de la progestérone nécessaire à la grossesse.
En l'absence de fécondation, la sécrétion de progestérone freine la LH, et le corps jaune

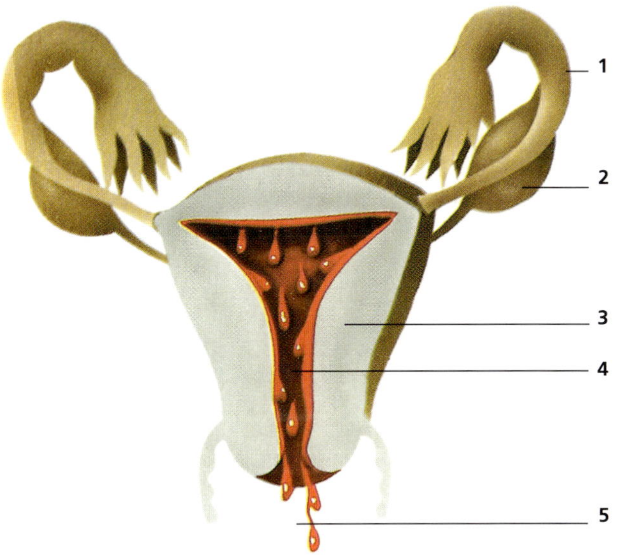

CI-CONTRE :
À la suite de la chute brutale du taux des hormones ovariennes, la partie la plus superficielle de la muqueuse s'élimine. Ce phénomène s'accompagne de pertes de sang. Ce sont les règles. Il ne s'agit pas de sang pur, ce qui explique qu'il soit incoagulable.
1 - Trompe.
2 - Ovaire.
3 - Utérus.
4 - Muqueuse.
5 - Règles.

De la puberté à la ménopause, chaque mois se développe un des nombreux follicules primordiaux contenus dans l'ovaire. D'abord à peine perceptible, il atteint peu à peu le volume d'une petite cerise. Une fois mûr, le follicule se rompt, laissant s'échapper avec le liquide folliculaire, l'ovocyte ou cellule reproductrice.
L'ovocyte est happé par le pavillon de la trompe et, porté par le liquide qu'elle contient, descend jusqu'au tiers externe de la trompe où a lieu la fécondation.
L'ovocyte et le spermatozoïde fusionnent pour donner un œuf qui, en se divisant, va permettre la naissance d'un nouvel individu.

HAUT ET BAS :

1 - Ouverture du follicule
2 - Follicule mûr
3 - Follicule primordial
4 - Follicule en voie de développement
5 - Follicule mûr avec son ovocyte
6 - Corps jaune
7 - Ovocyte
8 - Ovocyte descendant dans la trompe
9 - Fécondation

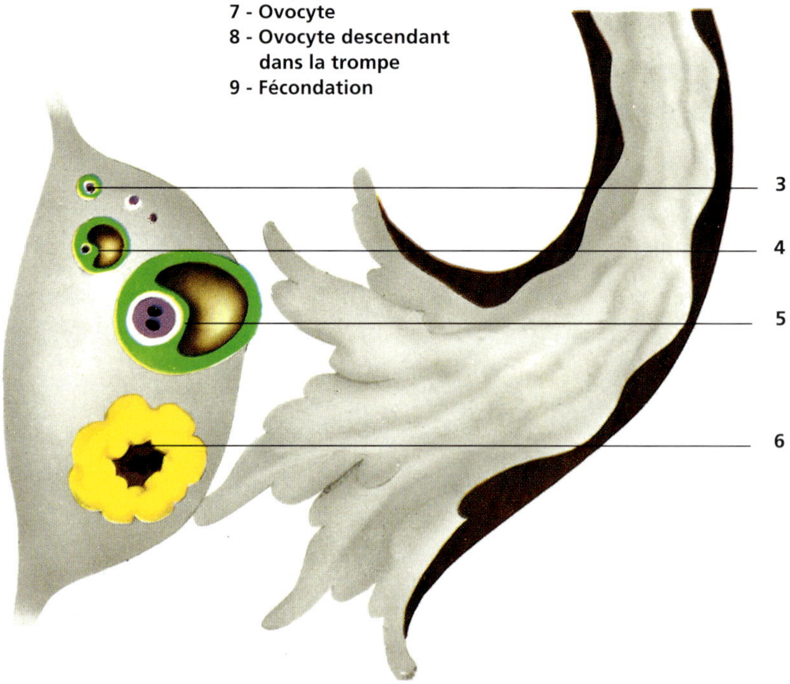

Par souci de clarté, nous avons reproduit le spermatozoïde avec son flagelle au moment de la fécondation. En vérité, le spermatozoïde perd son flagelle lors de la pénétration dans l'ovocyte. Cette remarque s'applique à tous les dessins de l'ouvrage.

s'atrophie. La baisse brutale des hormones ovariennes entraîne un affaissement de la partie la plus superficielle de la muqueuse utérine, dont l'élimination, accompagnée d'une hémorragie, constitue les règles. Pour des raisons qui restent encore mystérieuses, le corps jaune ne dure pas plus de 13 à 14 jours s'il n'y a pas de fécondation. Comme il faut généralement deux semaines au follicule pour se développer, l'ensemble des phénomènes dure 4 semaines environ.

Pourquoi y a-t-il des cycles plus courts et plus longs ?

L'ensemble des phénomènes du cycle menstruel est extrêmement complexe, et l'on conçoit aisément la fréquence des troubles des règles. La deuxième période du cycle, ou période post-ovulatoire, n'excède cependant jamais 13 jours, sauf, bien entendu, en cas de grossesse, alors que la durée de la première phase, ou période préovulatoire, est extrêmement variable. C'est elle qui est toujours allongée lorsque le cycle dépasse 28 jours.
Seule la prise quotidienne de la température de base permet de déterminer la durée respective des deux phases : la température reste inférieure à 37° pendant la première partie du cycle, elle monte et dépasse 37° sous l'influence de la progestérone, dans la deuxième partie ou phase sécrétoire du cycle.

Peut-on être enceinte dès l'apparition des règles ?

Il est extrêmement fréquent que le mécanisme ovarien, dont nous avons vu la complexité et la fragilité, ne s'installe pas d'emblée parfaitement. Ainsi, le plus souvent mais non pas toujours, les cycles ne s'accompagnent pas d'ovulation pendant les deux années qui suivent la puberté. Or, il ne peut y avoir de fécondation s'il n'y a pas d'ovulation. Cependant, dès que les cycles sont ovulatoires, une fécondation est possible. C'est-à-dire qu'il n'est pas impossible de devenir enceinte dès les premières règles si elles sont exceptionnellement ovulatoires.

Combien de temps l'ovulation dure-t-elle ?

Tous les spermatozoïdes libérés par l'homme peuvent aboutir à une fécondation. Or la femme n'a normalement qu'une ovulation par mois. La fécondation, qui a toujours lieu dans le tiers externe de la trompe, n'est donc possible que pendant un temps très court – quelques heures en principe. Malheureusement, il est impossible de déterminer avec exactitude cette courte période. C'est ce qui fait la difficulté de la contraception, c'est-à-dire de l'ensemble des techniques qui permettent d'éviter la fécondation.

CI-CONTRE :

Au moment de l'ovulation, le col, dont le canal est tapissé par de nombreuses glandes, sécrète un liquide visqueux, filant et transparent, la glaire cervicale, qui favorise l'ascension des spermatozoïdes vers la cavité utérine.
1 - Utérus.
2 - Col.
3 - Glaire.

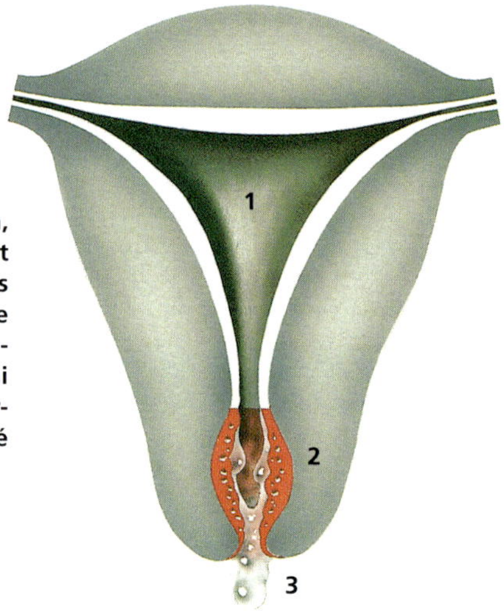

Mais pendant combien de jours dans le mois la femme peut-elle devenir enceinte ?

La date de l'ovulation est fonction de la durée du cycle qui varie d'une femme à une autre, et bien souvent chez la même femme, d'un cycle à l'autre. Il est donc impossible de prévoir la période de fécondité bien que celle-ci soit brève.
Ce que l'on sait, c'est que, lorsque le corps jaune est formé, il ne peut plus y avoir de fécondation. Ce principe est à l'origine de la méthode des températures, qui permet de savoir, à chaque cycle, non pas quand surviendra l'ovulation, mais si la période féconde est ou non dépassée.
Si l'on prend et l'on note sa température de base tous les matins, on peut donc déterminer une période d'environ 10 jours par mois pendant laquelle la fécondation n'est pas possible.

Mais ne peut-il pas y avoir plusieurs ovulations par mois ?

Dans les conditions physiologiques normales, un seul follicule arrive à maturité chaque mois. Mais plusieurs follicules ont commencé leur maturation et tous, sauf un, arrêtent leur développement en cours de route. Exceptionnellement, 2 follicules peuvent arriver à maturité ensemble et, en cas de grossesse, donner naissance à 2 faux jumeaux.
Il existe, du troisième jour de la montée thermique à la survenue des règles, une période d'infécondité qui ne dépasse jamais 10 jours, car il faut attendre trois jours pour être sûr que la montée a bien eu lieu.

Comment peut-on avoir des règles deux fois dans le mois ?

Les règles étant, on l'a vu, la conséquence d'une diminution d'hormones à la fin du cycle, on peut dire que tout déséquilibre important des hormones féminines peut entraîner un saignement.
Mais ces saignements ne sont pas des « règles », même s'ils surviennent parfois à date régulière, souvent au milieu du mois. Toute perte de sang en dehors des règles, si elle persiste, doit faire l'objet d'un examen médical sérieux.

Pourquoi le climat influence-t-il l'arrivée des règles ?

L'hypophyse et l'hypothalamus, qui sont intimement liés, subissent l'influence des émotions, en particulier chez les jeunes.
Le climat peut également entraîner des modifications dans la survenue des règles, de même qu'un départ en vacances ou en pension, un changement d'activité professionnelle, ou bien une émotion sentimentale.

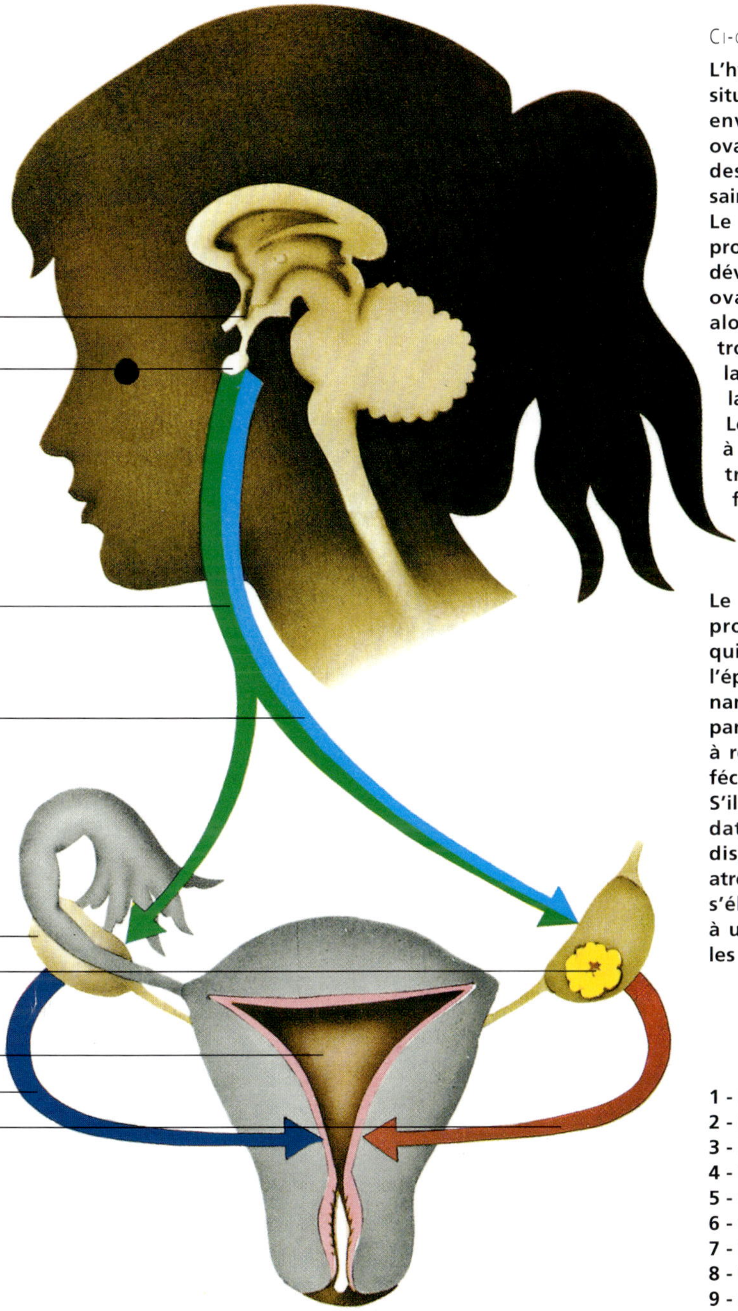

Ci-contre :

L'hypophyse, petite glande située à la base du cerveau, envoie ses ordres aux ovaires par l'intermédiaire des hormones hypophysaires.
Le premier de ces deux produits, la FSH, stimule le développement du follicule ovarien. Celui-ci sécrète alors une hormone, l'œstrogène, qui fait pousser la muqueuse qui tapisse la cavité utérine.
Lorsque le follicule, arrivé à maturité, se rompt, il se transforme, sous l'influence de la deuxième hormone hypophysaire, ou LH, en corps jaune.
Le corps jaune sécrète un produit, la progestérone, qui modifie la muqueuse, l'épaissit et la plisse, lui donnant un aspect en dentelle particulier, la rendant apte à recevoir l'œuf en cas de fécondation.
S'il n'y a pas eu de fécondation, le corps jaune disparaît, entraînant une atrophie de la muqueuse qui s'élimine en donnant lieu à un saignement : ce sont les règles.

1 - Hypothalamus.
2 - Hypophyse.
3 - Hormone FSH.
4 - Hormone LH.
5 - Ovaire.
6 - Œstrogène.
7 - Muqueuse utérine.
8 - Progestérone.
9 - Corps jaune.

Une femme peut-elle avoir un arrêt de règles sans être enceinte après avoir eu des rapports ?

Cela est possible, mais peu fréquent. Il arrive qu'un kyste de l'ovaire, ou un choc affectif, ou la prise de certains médicaments, par exemple, interrompent la menstruation. C'est pourquoi la femme a intérêt à consulter un médecin.

CI-CONTRE :

Le cycle menstruel commence le premier jour des règles et se termine le premier jour des règles suivantes. Son fonctionnement dépend de l'hypophyse, petite glande située à la base du cerveau, qui transmet ses ordres par des messagers : les deux hormones hypophysaires. La première, l'hormone FSH, stimule le développement du follicule ovarien, lequel sécrète l'œstrogène qui développe la muqueuse utérine. La rupture du follicule libère l'ovocyte et marque la date de l'ovulation. Le follicule rompu se transforme alors en corps jaune, petite masse graisseuse qui se développe après stimulation par la LH, ou deuxième hormone hypophysaire. La baisse brutale du taux des 2 hormones entraîne l'involution du corps jaune et l'atrophie de la muqueuse qui s'élimine avec les règles.

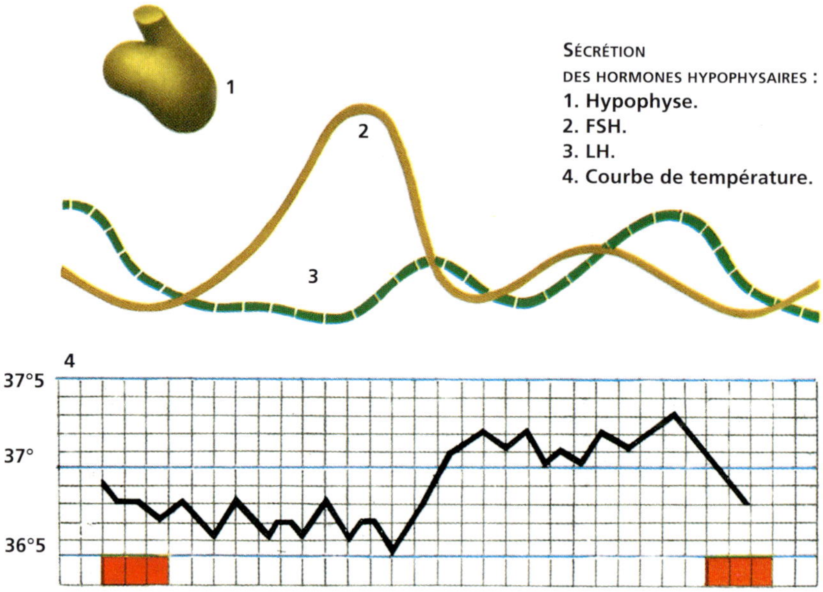

SÉCRÉTION DES HORMONES HYPOPHYSAIRES :

1. Hypophyse.
2. FSH.
3. LH.
4. Courbe de température.

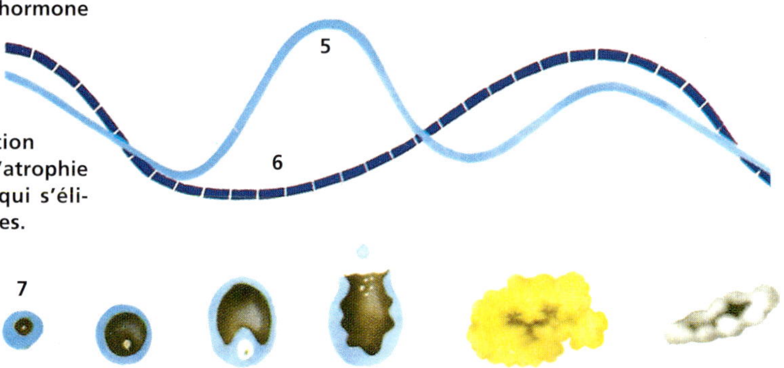

SÉCRÉTION DES HORMONES OVARIENNES :

5. Œstrogène.
6. Progestérone.
7. Modifications du follicule.

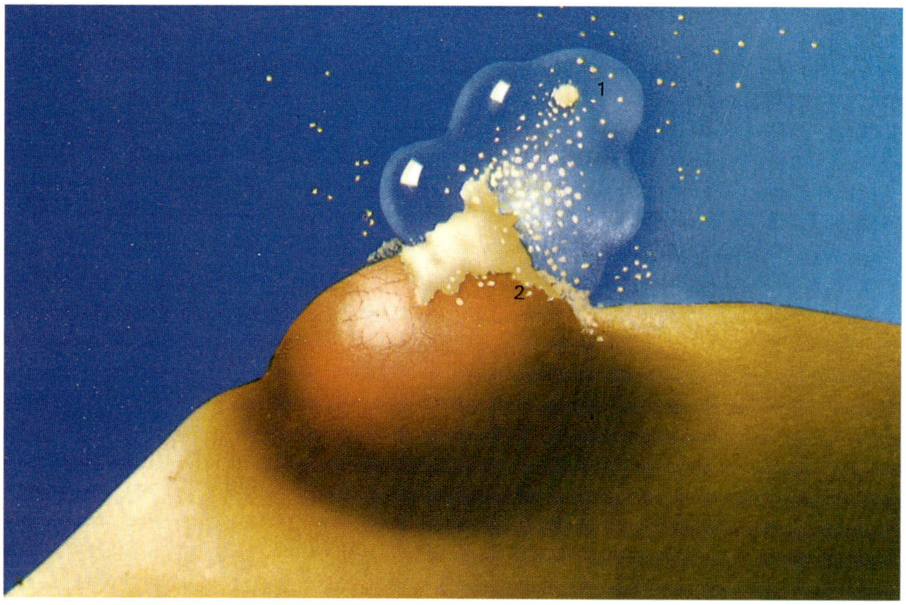

À GAUCHE :

Chaque mois, se développe à la surface de l'ovaire une sorte de vésicule, le follicule, qui grossit pendant environ deux semaines. Arrivé à maturité, il éclate dans une véritable explosion, libérant une petite cellule, l'ovocyte ou cellule reproductrice.

1. Ovocyte.
2. Rupture du follicule.

Pourquoi les règles sont-elles douloureuses ?

Les règles ne sont pas obligatoirement douloureuses et le plus souvent, elles ne le sont pas. Il arrive cependant qu'elles le soient d'emblée ou qu'elles le deviennent après quelque temps. Les douleurs peuvent avoir différentes causes. Les saignements de la muqueuse, qui constituent les règles, s'accompagnent de production de prostaglandines qui entraînent parfois de vives contractions utérines, ou crampes, ou même des malaises à distance. On dispose actuellement de médicaments qui bloquent les effets des prostaglandines sans entraîner d'effets secondaires gênants. Il ne faut pas hésiter à y recourir en cas de troubles au moment des règles.

Existe-t-il un moyen d'avancer ou de reculer la date des règles ?

On peut actuellement reculer la date des règles si l'on redoute de les avoir le jour d'un examen ou d'une épreuve sportive, par ingestion de dérivés du corps jaune ; les règles seront retardées aussi longtemps que la thérapeutique sera poursuivie.

Qu'est-ce que les pertes blanches ?

On donne ce nom à tout écoulement non sanglant provenant du vagin. Les leucorrhées ou pertes blanches sont fréquentes et relèvent de causes multiples : vaginite, métrite, vulvite chez la petite fille. En général, elles ne sont pas bien graves. Mais, si elles gênent par leur abondance, ou si elles s'accompagnent de démangeaisons, elles nécessitent un traitement.

LA MÉNOPAUSE

Pourquoi est-ce que les règles s'arrêtent ?

Parce que l'ovaire vieillissant devient incapable de transformer les follicules primordiaux qu'il contient encore, en follicules mûrs. L'hypophyse, pour essayer de faire fonctionner l'ovaire, se met alors à sécréter des hormones FSH en grande quantité. C'est ce déséquilibre qui est indirectement responsable des bouffées de chaleur dont les femmes se plaignent fréquemment.

À quel âge se produit la ménopause ?

L'âge de la ménopause, comme celui de la puberté, est extrêmement variable. Le plus souvent, les règles s'arrêtent entre 48 et 52 ans.

Lors de la ménopause, il se produit parfois des accidents hémorragiques. D'où cela provient-il ?

Les hémorragies sont en effet fréquentes à l'âge de la ménopause. Elles peuvent être fonctionnelles, c'est-à-dire simplement dues au dérèglement hormonal, ou liées à une affection gynécologique : polype, fibrome. La survenue de saignements anormaux à cet âge, quelque soit leur importance ou leur durée, doit amener à consulter car c'est aussi l'âge où se développent les cancers génitaux. On insiste sur l'intérêt d'une surveilllance gynécologique régulière et sur le dépistage des cancers génitaux par des frottis de détection – examen au microscope des secrétions prélevées au niveau du col de l'utérus.

« L'arrêt des règles est un phénomène particulier à l'espèce humaine. Chez les autres espèces, les cycles menstruels persistent jusqu'à la fin de la vie. »

Ci-dessus :

Souvent pour l'adolescent, la conquête de l'indépendance passe par un affrontement avec ses parents. Mais lorsque règnent la confiance réciproque et la tolérance, les conflits restent sans gravité.

LES PROBLÈMES AFFECTIFS ET SEXUELS DE L'ADOLESCENCE

LES RELATIONS FAMILIALES

Quelle différence faites-vous entre la puberté et l'adolescence ?

Il faut distinguer les problèmes de l'adolescence des problèmes de la puberté. Comme nous venons de l'entrevoir, la puberté peut se définir en termes physiologiques : les règles et les premières émissions de sperme en sont les deux pôles. L'adolescence, au contraire, est une longue période qui, dans notre société, peut s'étendre sur plusieurs années, parfois 8 à 10 ans et plus. Elle débute avec la puberté, et se termine lorsque l'adolescent, à la fin de sa scolarité ou de son apprentissage, peut accéder à une profession.

Elle est cette étape essentielle de la vie qui permet à l'être humain de conquérir son indépendance, de mûrir son caractère à travers une série d'épreuves, et d'affirmer son identité. L'adolescent doit progressivement modifier son comportement, son attitude, ses réactions à l'égard de son entourage. Jusqu'à cette époque, il se conduisait devant ses parents et ses maîtres comme un enfant obéissant, docile, passif ou changeant selon l'humeur. Il acceptait leurs choix, leurs morales, leurs opinions, sans trop émettre de critiques.

L'échange ne se faisait qu'à sens unique, des parents ou des maîtres aux enfants. Il recevait sans toujours donner, faute d'expérience et d'indépendance. Désormais, l'adolescent va tout soumettre à l'épreuve de sa pensée. Une bonne éducation lui permet d'accéder à cette autonomie ; celle qui l'empêche ou la retarde risque en revanche d'être nocive.

Pourquoi est-il si difficile de s'entendre avec sa famille ?

Lancé à la conquête de son indépendance, l'adolescent affirme sa personnalité par deux attitudes essentielles : l'opposition et l'identification. L'opposition est avant tout dirigée contre le milieu familial : pour se prouver son indépendance, l'adolescent prend systématiquement le contre-pied des opinions des parents. Il refuse de se laisser guider dans le choix de ses amis, de ses lectures, de ses divertissements ou de ses opinions politiques. Il discute à propos du lieu de ses vacances, refuse les promenades dominicales avec papa et maman, revendique le droit de sortir la nuit. En fait, l'adolescent, à ce tournant de sa vie, livre un double combat : il tente de se débarrasser de sa carapace d'enfant pour entrer dans la peau d'un adulte. Il essaie par ailleurs de nouer des relations d'un style nouveau, non seulement avec ses camarades, mais aussi avec les grandes personnes, et notamment avec ses parents. C'est là le sens de ce que l'on a appelé « la crise d'originalité juvénile ». L'adolescent veut vivre sa propre vie et se passer de l'expérience des autres. Sa vie secrète, sa correspondance, les longues conversations avec ses amis l'éloignent un peu plus chaque jour de sa famille.

« La compréhension, la tolérance, le respect sont les qualités qui permettent à la famille de surmonter les difficultés liées à la transformation de l'enfant en adulte. »

Les parents sont-ils toujours compréhensifs ?

Certains parents souffrent de ce nouveau climat. Ils se sentent remis en question et, pour la première fois, jugés par leurs enfants. Ils ne comprennent pas ces attitudes de défi, cette arrogance, ces impatiences. Mais ils doivent savoir que cette opposition n'est pas délibérément dirigée contre eux, qu'elle ne remet pas en question l'amour que leur grand enfant leur porte. Ils doivent y voir une revendication de liberté. Il est tout à fait normal que l'adolescent puisse manifester le désir de jouir de son propre argent de poche, sans avoir à rendre de comptes ; qu'il puisse vouloir être seul à décider du choix de ses vêtements, des films ou des programmes de télévision ; qu'il puisse vouloir assumer ses propres risques, dans la pratique d'un sport ou lors de vacances aventureuses. Sa contestation scolaire et ses revendications pour une information sexuelle, procèdent du même besoin d'affirmer une personnalité politique que la société lui refuse.
Les parents doivent assister avec amour à cette transformation de leur enfant en adulte et se garder de trop intervenir.
Chaque fois qu'ils le pourront, ils l'encourageront à prendre ses responsabilités ; ils lui permettront d'inviter ses amis à la maison ; ils se garderont de réprimer son enthousiasme, son goût de l'aventure, ses ambitions, même si celles-ci ne cadrent pas toujours avec la réalité. Mais, de son côté, l'adolescent doit faire un effort pour mieux comprendre ses parents. S'ils lui semblent « vieux jeu », c'est qu'ils souffrent de le voir

« S'il appartient à l'adolescent de juger des qualités et des défauts de ses amis, il n'est pas mauvais que les parents connaissent aussi ses activités et ses amis afin de mieux respecter son choix. »

s'engager dans des voies sans issue. Leurs interventions, parfois maladroites, ne sont justifiées que par un excès d'amour. L'adolescent, engagé dans la phase d'opposition normale et créatrice, doit se garder de rejeter ses parents. Quand la règle démocratique est respectée, que chacun des deux antagonistes renonce à imposer sa loi, l'affranchissement de l'adolescent peut se faire sans heurt. L'ambiance pacifique favorise la tolérance, cette sagesse primordiale, trop souvent méconnue dans notre société d'aujourd'hui.

Pourquoi certains parents ne laissent-ils pas leurs enfants libres de leurs fréquentations ?

Beaucoup de parents redoutent que leurs enfants ne soient entraînés dans de mauvaises actions, ou n'acquièrent de mauvaises habitudes par la faute d'un camarade issu d'un milieu différent, ou moins équilibré sur le plan du caractère et de l'intelligence. Le plus souvent, ils se trompent : il est, en effet, toujours plus facile de trouver un bouc émissaire à ses propres échecs. Si leur fils est le dernier en classe, ils préfèrent penser qu'il est victime de ses mauvaises fréquentations…
Là encore, seule une confiance inébranlable entre l'adolescent et ses parents permet de résoudre ces problèmes.
Il n'est pas mauvais non plus que les parents connaissent les activités de l'adolescent ; ils pourront alors mieux respecter ses choix et n'utiliser leur autorité qu'à bon escient.
Les mêmes problèmes se posent pour les sorties nocturnes, pour l'organisation des loisirs et des vacances. Seule une franche discussion résoudra ces problèmes épineux, en fonction de l'emploi du temps scolaire et d'une bonne hygiène générale.

LES VULNÉRABILITÉS DE L'ADOLESCENT

À l'adolescence, pourquoi est-on influençable ?

Pour s'imposer, l'adolescent peut éprouver le besoin de s'opposer au milieu familial, pour mieux prendre ses distances vis-à-vis des conformismes qu'on tente de lui imposer. Mais il peut aussi s'identifier à des modèles privilégiés.
L'identification n'est pas un phénomène particulier à l'adolescence.

CI-CONTRE :

Un conformisme chasse l'autre : dans son besoin éperdu d'identification, l'adolescent remplace le modèle parental par celui du groupe.

Dès les premières années de sa vie, l'enfant y recourt. Dans ses jeux, il s'identifie aux différents métiers, il imite l'attitude et les gestes de ses parents.
Mais quand, à l'adolescence, le sens critique s'éveille, les parents ne sont plus considérés comme des dieux tout-puissants.
Il est alors d'autres modèles d'identification :

• le groupe :
beaucoup d'adolescents éprouvent, pendant une période, le besoin de se grouper en bandes ou en associations diverses (*voir aussi la question suivante*). Ils y trouvent l'avantage de réaliser des aspirations communes. Mais surtout, ils y apprennent de nouvelles attitudes, un nouveau langage, un mode de penser et de sentir et un goût de l'action, sportive ou autre, qui ne sont pas forcément ceux du milieu familial.
Ils essaient de se régler sur le chef de bande qui incarne au mieux toutes leurs aspirations.

• le grand ami :
un peu plus tard apparaissent les confidents et les amis intimes avec lesquels on passe des heures au téléphone.
Avec l'ami de son choix, on échange tout : ses pensées, ses désirs, ses émotions, ses doutes et ses appréhensions.
On lui emprunte certaines habitudes, parfois certains tics, on envie son aisance, ses succès scolaires, ses exploits sportifs. On se règle sur le même diapason, et l'on acquiert certaines de ses vertus.

• plus loin, mais d'autant plus prestigieux qu'ils semblent inaccessibles, d'autres modèles se proposent à l'admiration et à l'imitation

de l'adolescent : ce sont les groupes de rock, les dieux du stade, les vedettes de cinéma, les héroïnes de feuilletons et, pour beaucoup de jeunes encore, les héros des grands romans.

Les sectes représentent-elles un danger ?

En cette période de solitude et d'incompréhension, les sectes peuvent offrir l'illusion d'un refuge à certains adolescents qui ont perdu leurs points d'ancrage dans leur milieu familial ou dans leur environnement. Ils peuvent se sentir réchauffés par une ambiance conviviale de solidarité et de sympathie, qui leur fait tant défaut. Mais attention, l'endoctrinement les guette. Ils risquent de se laisser enfermer dans une idéologie et une discipline sévère qui supprimeront toute leur autonomie, toute leur puissance créatrice et les réduiront au rôle de pion, manipulé dans un système sur lequel ils n'auront aucune prise. Ainsi, après la phase de séduction vient la phase de manipulation mentale qui se propose comme objectif de contrôler la moindre pensée de l'adepte.

Pourquoi l'adolescent est-il si vulnérable à la drogue ?

L'adolescent est un grand consommateur de drogues en tous genres : alcool, tabac, cannabis, extasy et autres drogues dites dures.
Il y recourt pour de multiples raisons. Certaines drogues sont, en effet, susceptibles de modifier l'humeur, comme l'état de conscience. Elles dissipent l'ennui, réduisent les tensions, l'angoisse et les réactions au stress. Elles semblent faciliter les contacts sociaux : parfois la drogue est le ticket pour être admis dans un groupe. On comprend que l'adolescent, intimidé, mal à l'aise dans son corps, soit à la recherche de la drogue magique qui l'aiderait à traverser cette période transitionnelle particulièrement difficile.
En principe, les adolescents n'ont guère besoin de drogue pour stimuler une pulsion sexuelle à son apogée. Cependant, l'expérience sexuelle leur apparaît souvent comme une redoutable épreuve. Il leur faut négocier les culpabilités liées aux inhibitions de l'enfance, l'angoisse inhérente à tout changement de statut, les peurs de perdre le contrôle ou de ne pas être à la hauteur. La drogue, dans ces conditions, représente pour certains une solution de facilité.
Il existe chez les lycéens une corrélation significative entre le comportement sexuel et la pratique de la drogue. Plus ce comportement est libéré, plus les sorties nocturnes augmentent, et plus on recourt à la drogue.
Certes, les adolescents commencent à prêter une plus

> **« La drogue, comme les sectes, restent des mirages et des pièges que l'amour et une vraie communication peuvent lever. »**

grande attention aux effets catastrophiques des drogues dures. Il ne faut pas oublier que du point de vue psychologique, l'individu connaît une altération du jugement et devient dépendant. Mais cette dépendance est également physiologique : l'organisme ne peut plus, à un moment donné, se passer de la drogue alors qu'elle est néfaste pour lui. Sur le plan sexuel, les conséquences sont désastreuses – l'indice de fertilité est réduit, on observe une dysfonction sexuelle, les spermatozoïdes sont atteints dans leur nombre, leur morphologie et leur mobilité. Enfin chaque année, il y a des morts par overdose.
Il faut donc développer la prévention bien avant l'adolescence. Et dans les cas de toxicomanie avérée, se battre avec l'adolescent contre la drogue, avec tous les moyens pharmacologiques et d'accueil psychologique.

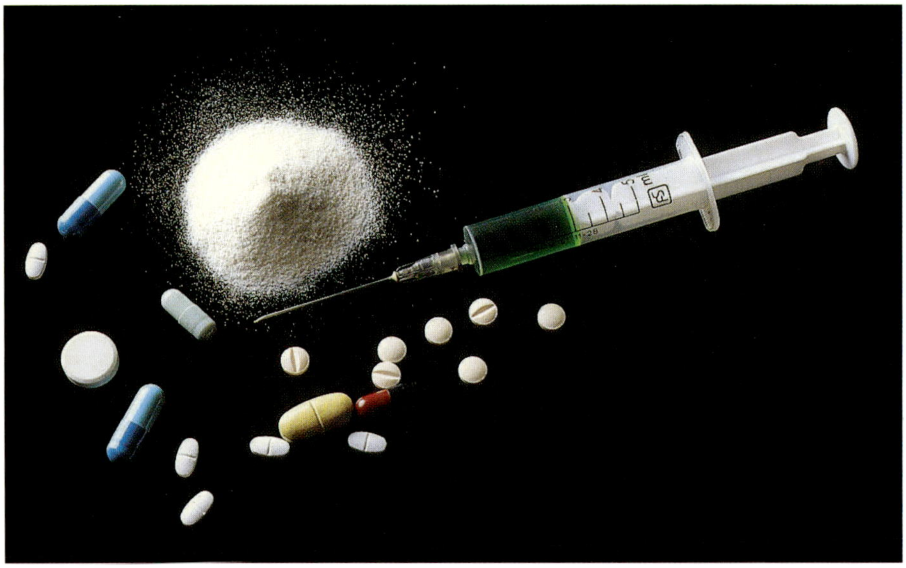

CI-DESSOUS :

L'adolescent est un grand consommateur de drogues en tout genre. Les drogues dites dures conduisent à une dépendance physique et psychologique désastreuses.

Pourquoi certains adolescents se suicident ?

L'adolescence est une période de choix. Mais ceux-ci présupposent des renoncements d'autant plus douloureux qu'ils débouchent sur le monde d'incertitude et d'ennui de l'adulte.
Des problèmes familiaux, des difficultés liées aux études, parfois un complexe d'infériorité, souvent une rupture amoureuse engendrent chez l'adolescent des périodes dépressives au cours desquelles il perd le goût de toute chose. Parfois, sa dépression s'exprime à travers la délinquance et la consommation de la drogue. S'il a l'impression de manquer des moyens nécessaires pour résoudre ses problèmes, le suicide peut apparaître alors comme une solution de facilité pour fuir la réalité.
Dans tous les cas, la tentative de suicide de l'adolescent représente un ultime appel au secours : il veut transmettre un message ou faire peur en espérant obtenir plus d'attention et d'amour de son entourage. Quoi qu'il en soit, la menace de suicide doit être prise au sérieux, même s'il apparaît que le désir de vivre demeure aussi fort que celui de mourir. « On ne se tue jamais que pour exister » disait Malraux. Parents et amis doivent savoir réagir au moindre doute et à la moindre confidence.

LES RELATIONS SEXUELLES PRÉCOCES

Est-ce un problème d'avoir des relations sexuelles précoces ?

Les relations sexuelles entre adolescents ont sensiblement augmenté depuis les années 60. À cette époque, 25 % des garçons de 17 ans contre 10 % des filles avaient déjà eu des relations sexuelles. Ces chiffres sont aujourd'hui respectivement de 55 % et de 40 % Théoriquement, le rapport sexuel est pour l'individu un facteur d'épanouissement. Il représente par rapport à la masturbation un indiscutable progrès. Au partenaire imaginaire se substitue un partenaire réel. La peur de l'autre sexe se dissipe, le soulagement sexuel et la libération psychologique réduisent la violence et l'opposition propres à l'adolescent qui ne peut s'exprimer sur le plan de l'instinct. L'individu ne peut espérer accéder à l'équilibre et à la maturité sans avoir exploré tous les aspects de sa personnalité. Cependant, comme le disent Masters et Johnson, deux sexologues américains, « la sexualité, c'est d'abord la responsabilité de faire de la sexualité un usage correct qui ne lèse pas le partenaire ». C'est dire que les adolescents devront, tous deux, se sentir suffisamment mûrs pour prévoir et assumer les conséquences de leurs actes et devront envisager :

- la possibilité d'une procréation (il faut donc s'enquérir des méthodes contraceptives) ;
- le risque des maladies sexuellement transmissibles (il est nécessaire de penser au préservatif) ;
- les conséquences possibles, sur le plan affectif : il peut arriver que la jeune fille n'ait pas les mêmes raisons que le garçon de faire l'amour.

Est-ce que les filles et les garçons ont envie d'avoir des relations sexuelles pour les mêmes raisons ?

Non. Le désir qui conduit filles et garçons à s'embrasser et à se concéder parfois quelques caresses, n'a pas, le plus souvent encore aujourd'hui, la même signification chez la fille et chez le garçon. Il importe que les adolescents le sachent bien. Ainsi chez le garçon, l'instinct sexuel connaît d'emblée une grande intensité. Il atteint son degré de développement maximum entre 16 et 20 ans. La plupart des garçons normaux ont des désirs sexuels exigeants, impérieux parfois, qui ne cessent de les obséder tant qu'ils ne sont pas assouvis. Chez la jeune fille de 14-16 ans, la sensualité n'a ni les mêmes exigences ni la même intensité. Avant tout lui importe l'amour sentimental. Le plaisir physique passe après l'exaltation du cœur et de l'esprit. De ses premiers rendez-vous, elle attend surtout des mots tendres, des marques d'attention qui la rassurent sur sa féminité et sur son aptitude à plaire. Ils la transportent dans un monde de rêve, et elle essaie souvent de traduire ses sentiments dans des confidences à une amie ou dans un journal intime. Même libre d'agir à sa guise, elle n'éprouve pas, le plus souvent, le besoin d'avoir des rapports sexuels, du moins pas avant longtemps. Le premier baiser n'est qu'une

> **« Le rapport sexuel est lié à une grande responsabilité, celle de respecter le partenaire et de savoir répondre de ses actions. ».**

concession à la règle du jeu. Beaucoup s'y résignent pour faire comme tout le monde, pour ne pas être exclues du groupe, pour que leurs camarades ne se moquent pas d'elles. Le plaisir ne vient qu'ensuite. La fonction de maternité peut aussi rendre la jeune fille très consciente de ses responsabilités, et la protège contre elle-même.
Cette différence entre garçons et filles reste bien entendu un schéma qui s'est beaucoup modifié depuis que nous disposons d'armes contraceptives efficaces. Il est aujourd'hui des adolescentes dragueuses qui prennent l'initiative des rapports sexuels ; comme il est des garçons très jeunes qui peuvent porter à leur partenaire un amour profond et authentique.

Faut-il interdire les magazines pornographiques ?

Par principe, nous sommes contre la censure des films, des livres ou de la presse. Nous savons bien que, d'une époque à l'autre, la rigueur et les critères de la censure se modifient. Certains livres ou films ont été jugés très osés à leur sortie alors qu'aujourd'hui, personne n'y découvre quoique se soit de répréhensible.
Par exemple, *Les Fleurs du Mal* de Baudelaire, *La Religieuse* de Diderot, *Les Liaisons dangereuses* de Laclos apparaissent comme des classiques.
Il n'en est pas moins que certains documents peuvent révéler des perversions sexuelles tandis que les raisons qui poussent les adolescents à lire ces magazines, elles, sont tout à fait naturelles. En effet, les adolescents cherchent ou bien à satisfaire une curiosité sur le sexe qui leur a fait

défaut pendant leur enfance et à pénétrer ainsi les secrets des adultes, ou bien encore à stimuler leur imagination pendant qu'ils se masturbent.
Le risque alors est que les magazines de ce genre provoquent chez l'adolescent des émotions que son inexpérience et son immaturité l'empêchent de maîtriser.
D'un autre côté, l'interdit des parents, plus ou moins maladroit, peut le persuader qu'il est anormal ou pervers.
Enfin, il faut bien distinguer les revues pornographiques des cassettes à caractère pédophile relèvant du domaine criminel.
Nous pensons donc que c'est aux parents de satisfaire la curiosité des enfants.
Il n'est guère de secrets en ce domaine dont ils ne devraient être disposés à discuter.

Un garçon peut-il avoir sa première expérience avec une prostituée ?

Certains font leurs premières armes avec des prostituées. Toutefois, cette expérience n'est pas toujours positive. En premier lieu parce que le risque de contagion des maladies sexuelles est très important de nos jours. Mais aussi parce que cette relation est faussée au départ car l'assouvissement du désir sexuel est échangé contre de l'argent.

Pourquoi de très jeunes filles couchent-elles avec des garçons ?

Il arrive que des filles assez jeunes aient des rapports sexuels. Pourtant, le plus souvent, ce n'est pas le plaisir qu'elles recherchent.
Elles éprouvent le besoin de s'assurer qu'elles sont capables de plaire. Mais elles doivent savoir que les

déceptions ne tarderont pas, si elles se décident à un rapport sexuel sans sentiment.
La jeune fille finit souvent par se mépriser quand elle se rend compte qu'elle n'a été pour son partenaire qu'un objet de plaisir, ou encore les garçons eux-mêmes, inconscients de leur cynisme, risquent de la rejeter après avoir obtenu ce qu'ils voulaient.

Pourquoi faut-il faire attention aux grossesses non désirées ?

L'adolescente est souvent victime de la pensée magique qui la persuade « que cela ne peut arriver qu'aux autres ». En effet, moins de 50 % des adolescents se protègent lors du premier rapport. Pourtant la jeune fille ne devrait pas hésiter à demander au garçon de mettre un préservatif, ni à consulter un médecin qui pourrait lui prescrire la pilule. Faute de quoi, une maternité précoce confrontera une jeune fille qui sort à peine de l'enfance, à des responsabilités graves et à des choix douloureux : IVG, mariage prématuré d'équilibre le plus souvent instable, problèmes financiers, rupture familiale…

Existe-t-il des interdits moraux autour de la relation sexuelle adolescente ?

Il n'est pas dans le rôle de l'éducateur ou du médecin de cautionner ou d'interdire à l'adolescent une relation sexuelle. Il peut seulement éclairer le choix de son interlocuteur, en lui faisant prendre conscience des forces conflictuelles. Ce combat met aux prises l'instinct sexuel et les lois imposées par la famille et la société.
Il est des civilisations primitives où l'adolescent jouit d'une liberté sexuelle complète. Malinowski rapporte que « tout habitant des îles Tobriand, homme ou femme, contracte éventuellement mariage, après une période de jeux sexuels pendant l'enfance, suivie d'une période de licence générale pendant l'adolescence… ».
Les Arapesch, peuplade de Nouvelle-Guinée, interdisent et châtient les rapports sexuels de l'adolescent qui n'aurait pas subi préalablement l'initiation rituelle. Ils estiment, nous dit Margaret Mead, « que ce qui est sexuel est bon, mais dangereux pour ceux qui ne sont pas encore des hommes faits ».
Dans notre société, en Occident, les tabous qui interdisent le rapport sexuel à l'adolescent, ont toujours été très forts. Jadis, les religions obligeaient de façon impérative les jeunes filles à conserver leur virginité jusqu'au mariage. Les vierges, dans les religions antiques, étaient vouées au service des dieux. Que l'on songe que la virginité de Jeanne d'Arc fut l'argument décisif qui permit aux conseillers de Charles VII de la considérer comme un messager de Dieu et non du diable…
La virginité rassurait autrefois le mari sur la pureté physique de son épouse et, plus tard, croyait-il, sur sa paternité quant aux premier enfant.
Aujourd'hui, l'attitude de la société est beaucoup moins rigoureuse. Nombreuses sont les personnes qui trouvent normal que leur partenaire ait eu des rapports auparavant.
Cependant, la liberté sexuelle ne devrait pas être sanctionnée par un sentiment de culpabilité, de peur, ou de dévalorisation personnelle.
À cet égard, chacun devrait prendre garde à ne pas mésestimer le poids de son éducation et des règles imposées par son milieu.

CI-CONTRE :

Défilé annuel pour la gay pride à Paris : journée de revendication des droits des homosexuels.

L'HOMOSEXUALITÉ

L'homosexualité est-elle normale ?

Cette question est très importante. En effet, l'adolescence est un carrefour à partir duquel les tendances sexuelles vont s'orienter définitivement. À cet âge-là, il est normal de se lier d'amitié avec un camarade du même sexe. Cette phase, que connaît tout adolescent, est même souhaitable. Avec cet ami, on échange ses idées, ses sentiments, ses doutes, ses ambitions. Les adolescents s'aident l'un par l'autre à parfaire leur personnalité. Cependant ce n'est qu'une phase de transition.

« Il est normal que le jeune adolescent passe par une étape physiologique et transitoire d'ambiguïté sexuelle. »

Mais il est des garçons et des filles qui, pour des raisons diverses, ne dépassent pas ce stade d'amitié homosexuelle.

- Tantôt ils ont peur de l'autre sexe, et préfèrent ne pas l'aborder ;
- tantôt, des circonstances particulières les en tiennent à l'écart ;
- tantôt aussi, ils n'ont pas trouvé chez leurs parents des modèles valables auxquels s'identifier ; si bien que leur orientation sexuelle s'en est trouvée modifiée. Aujourd'hui, très heureusement, les lois discriminatoires qui faisaient de l'homosexuel un anormal ont été abolies. Et la société témoigne d'une plus grande tolérance envers l'homosexualité.

LES ABUS SEXUELS

Qu'est-ce qu'un abus sexuel ?

Ces abus qui suscitent aujourd'hui des émotions très fortes dans la population, dont la presse se fait l'écho, semblent en augmentation sensible. Davantage dénoncés qu'avant, ils peuvent être également liés à une plus grande instabilité familiale.
Les pédophiles qui transgressent le tabou des relations sexuelles avec des enfants ou de jeunes adolescents sont le plus souvent des hommes, adultes ou adolescents, membres de la famille proche ou lointaine. C'est le cas de l'inceste qui définit une relation sexuelle entre les membres d'une même famille, notamment entre certains pères et leurs filles. Ce sont parfois des personnes que les enfants connaissent et avec lesquelles ils entretiennent des rapports de confiance.
Certains agresseurs apparaissent sous les traits d'un gentil monsieur ne souhaitant user que de son pouvoir de séduction, mais près de 20 % des agresseurs sont de véritables tyrans, n'hésitent pas à utiliser la menace, la violence et l'agression physique pour arriver à leurs fins. Un certain nombre d'adolescents sont impliqués dans ces délits sexuels, usant d'intimidation et de violence, surtout pendant leurs heures de baby-sitting.
C'est sans doute l'une des agressions les plus traumatisantes que peut subir un enfant ou un adolescent. Il y a agression des organes sexuels et des limites corporelles de la victime à laquelle on impose une relation non consentie.
Les répercussions physiques et psychiques sont considérables. Parfois, ceux qui ont été eux-mêmes victimes d'abus sexuels dans leur enfance deviennent agresseurs. Ce sont des individus malades, traumatisés qui ont besoin de soins.
Le plus souvent, la personne agressée se terre dans un état de choc et d'incompréhension, surtout quand le violeur est un adulte connu et, parfois, aimé comme c'est le cas dans l'inceste.
Bien que l'enfant ou l'adolescent ne soit en rien responsable, il développe un sentiment de culpabilité et de souillure, d'autant plus profond qu'il traverse une période d'éveil à la sexualité. Dans tous les cas, soulignons-le, la victime n'est ni responsable, ni coupable, même quand elle a pu se montrer imprudente.

« Même quand il n'y a pas de violence physique, il y a violence psychique, souvent avec menaces et chantage affectif pour interdire d'en parler. »

Que faire en cas d'abus sexuel ?

Les viols et les incestes ne sont pas toujours avoués. Et on comprend pourquoi. On peut avoir scrupule à dénoncer un père ou un adulte que l'on continue à aimer, on peut se sentir coupable de ses propres pensées… Pourtant, refouler ce secret au plus profond de soi risque de provoquer chez la victime des blocages relationnels et sexuels qui briseront toute sa vie. Il faut donc en parler, s'ouvrir à une personne qui soit en mesure d'aider. Les enfants et les adolescents disposent aujourd'hui d'un numéro de téléphone d'aide, le 119. C'est seulement en se confiant qu'ils pourront se remettre d'une telle agression et ne plus se sentir à la fois innocents et coupables.
Pour combattre les abus sexuels, il faut rester vigilant. Les parents, mais aussi les frères et les sœurs doivent être très attentifs à tout changement de comportement des enfants et les inciter à parler pour déceler à temps l'éventuel danger.

LE COUPLE ET LA CONTRACEPTION

LA MÉTHODE CONTRACEPTIVE

Une fille a-t-elle obligatoirement un enfant si elle a des rapports avec un garçon ?

Obligatoirement, non, mais elle a 9 chances sur 10 de se retrouver enceinte. En effet, au cours du rapprochement sexuel, tout concourt à favoriser la rencontre entre l'ovocyte qui chaque mois quitte l'ovaire et emprunte la trompe pour gagner l'utérus, et les spermatozoïdes qui montent à sa rencontre. Si, pour l'homme, il y a lors de chaque rapport libération de spermatozoïdes dans les voies génitales féminines, il n'en est pas de même de la femme, dont l'ovaire ne libère qu'un ovocyte par mois ; elle n'est donc fécondable que pendant une courte période, dont la détermination exacte reste difficile. Si une fille et un garçon ont des rapports et ne prennent aucune précaution, la grossesse survient rapidement. Aussi doivent-ils recourir à un certain nombre de mesures pour empêcher la fécondation : ce sont les méthodes contraceptives. À l'inverse, on peut désirer une grossesse sans l'obtenir. Le couple peut être stérile, soit du fait de la femme, soit du fait de l'homme.

PAGE DE GAUCHE :

Les hommes et les femmes d'aujourd'hui ne veulent plus que des enfants désirés et venant au monde à un moment opportun. Les progrès de la science ont rendu cette exigence possible.

Qu'est-ce qu'une méthode contraceptive ?

C'est une méthode qui empêche provisoirement la rencontre de l'ovocyte et du spermatozoïde mais permet à la femme de retrouver, dès qu'elle le désire, sa fécondité. C'est ainsi que l'on doit distinguer la contraception de la stérilisation, qui est définitive, et de l'avortement, qui est l'interruption d'une grossesse en cours. Il existe trois grands groupes de méthodes contraceptives :

1. Celles que l'on dit « naturelles » parce qu'elles ne font appel à aucun instrument particulier ni à aucune prise de médicament, comme la méthode des températures par exemple. De ce fait, elles sont admises par l'Église catholique ;

2. Les méthodes mécaniques, qui nécessitent l'emploi de préservatifs ou la mise en place de stérilets ;

3. La contraception hormonale, c'est-à-dire la pilule.

Quelle est, à votre avis, la meilleure ?

Il n'y a pas de contraception idéale qui convienne à tous. Chaque méthode a ses avantages et ses inconvénients. Sur le plan de l'efficacité, c'est incontestablement la pilule œstroprogestative – c'est-à-dire celle qui contient les deux hormones ovariennes – qui est la plus sûre puisqu'elle donne, s'il n'y a pas d'oubli, une sécurité presque absolue. En revanche, elle ne protège pas des maladies sexuellement transmissibles. Seul le préservatif assure une protection contre l'infection, à condition d'être utilisé à chaque rapport, alors que sur le plan contraceptif, il est nettement moins efficace que la pilule. Aussi conseille-t-on aux jeunes d'associer pilule et préservatif tant que le couple n'est pas stable. Ainsi, comme il n'y a pas de méthode parfaitement efficace qui puisse convenir à tout le monde, il importe de bien les connaître pour pouvoir choisir celle qui satisfait le mieux le couple.

Comment peut-on se procurer les moyens de contraception ?

En consultant un médecin généraliste ou un spécialiste, non seulement pour se procurer les moyens, mais surtout pour connaître les avantages et les inconvénients de chaque méthode et choisir avec lui celle qui convient le mieux. Il faut aussi être informé à l'avance sur ce qu'il faut faire en cas d'oubli ou de rapport occasionnel sans précaution *(voir contraception du lendemain ou contraception d'urgence).*

Quelle est la position du médecin à l'égard d'une mineure ?

Il n'y a aucun problème à ce sujet. Bien au contraire, pour faciliter l'accès des jeunes à la contraception, la loi prévoit la délivrance gratuite des médicaments aux mineures, ainsi que la gratuité des consultations médicales et des examens de laboratoire. Les centres de planning sont prévus à cet usage et la liste peut en être obtenue auprès de la DASS (direction de l'Action sanitaire et sociale) dans chaque préfecture. Il faut penser à se procurer d'avance, auprès des médecins ou dans les dispensaires, l'ordonnance pour la pilule du lendemain car il faut la prendre au plus tard 72 heures après le rapport non protégé.

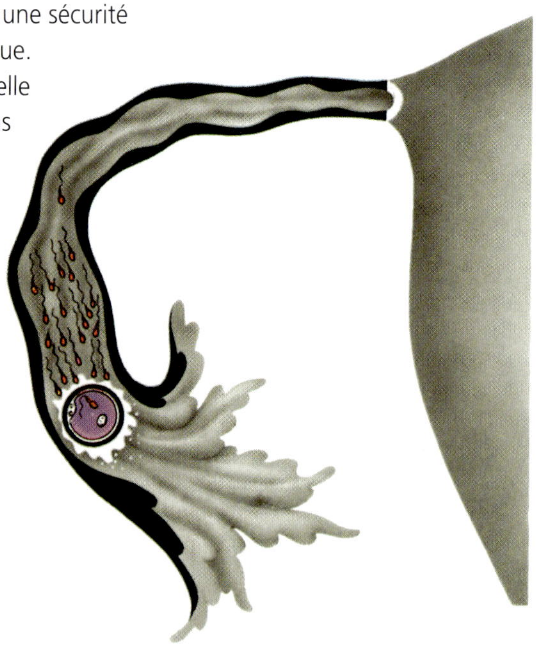

L'ovocyte libéré descend dans la trompe après avoir subi la réduction chromosomique. Il rencontre les spermatozoïdes au niveau du tiers externe de la trompe. S'il faut la présence de nombreux spermatozoïdes pour que la fécondation soit possible, un seul spermatozoïde pénètre l'ovocyte pour donner un œuf.

LES MÉTHODES BASÉES SUR LE CYCLE FÉMININ

Quand une femme a des rapports, quels sont les jours où elle ne risque pas d'être enceinte ?

La femme n'ovule qu'une fois par mois. L'ovulation, chez une femme normalement réglée, se situe 13 ou 14 jours environ avant les règles suivantes. La date de l'ovulation par rapport aux règles précédentes est suffisamment variable pour rendre aléatoire tout calcul de cette date probable, même chez une femme réglée régulièrement. Les risques d'erreur sont encore bien plus grands chez une fille mal réglée, comme c'est le plus souvent le cas chez les jeunes. Il faut donc se méfier des méthodes qui consistent à calculer la date de l'ovulation en fonction de la longueur habituelle du cycle, car elles ont sûrement permis plus de grossesses qu'elles n'en ont évité. On ne compte plus les bébés « Ogino », nom du médecin japonais qui a décrit cette méthode célèbre pour ses échecs.

On peut seulement savoir que l'ovulation a eu lieu en prenant la température rectale le matin. La température du début du cycle est plus basse de quelques degrés que la température de fin de cycle. Le passage entre les deux est appelé « montée thermique » et indique la période

Les spermatozoïdes mettent environ deux mois et demi pour parcourir le long chemin qui sépare le testicule où ils se forment de l'extrémité urétrale par laquelle ils s'échappent lors de l'éjaculation.
Ils traversent les fins canaux de l'épididyme, pelotonnés sur eux-mêmes, puis le canal déférent, et restent stockés dans les vésicules séminales avant d'en être expulsés lors du rapport.
Ils se mélangent alors aux sécrétions prostatiques pour former le liquide spermatique. Le liquide spermatique est émis dans le vagin au cours du rapport sexuel. Il gagne rapidement le col de l'utérus et trouve dans la glaire, sécrétée au moment de l'ovulation, un milieu idéal pour sa survie et son ascension vers la trompe.

C'est en effet au niveau du tiers externe de la trompe qu'a lieu la fécondation. Les spermatozoïdes doivent donc parcourir le canal endocervical, la cavité utérine et les deux tiers internes de la trompe avant de rencontrer l'ovocyte.

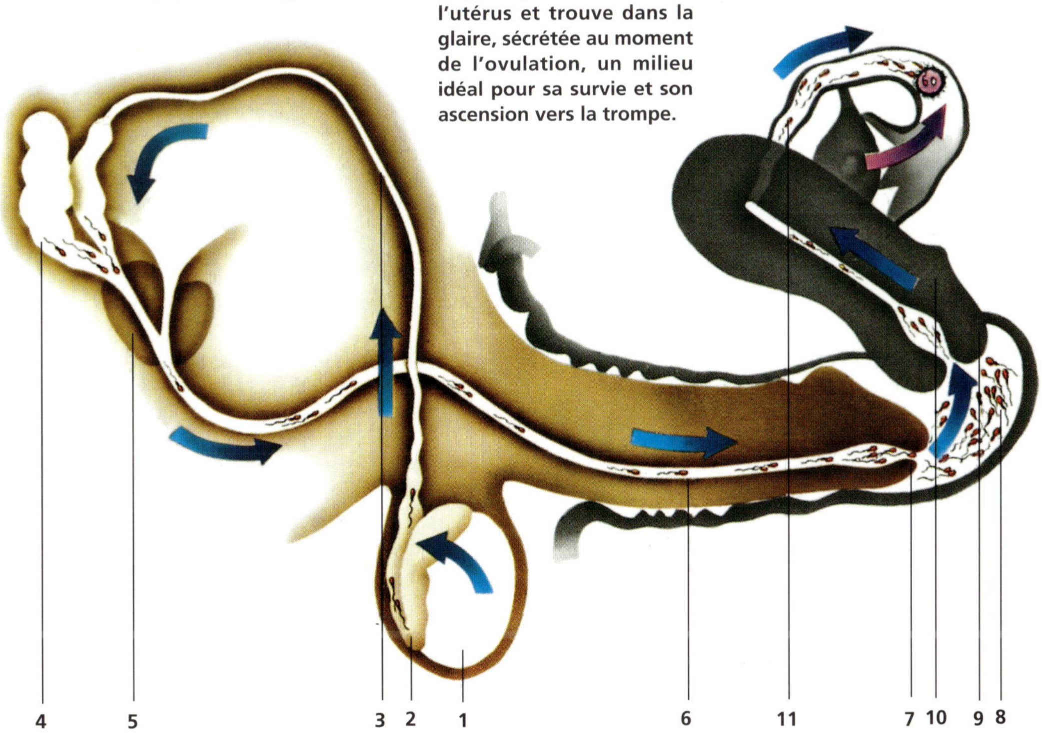

1 - Testicule.
2 - Épididyme.
3 - Canal déférent.
4 - Vésicule séminale.
5 - Prostate.
6 - Urètre.
7 - Méat urinaire.
8 - Vagin.
9 - Col utérin.
10 - Utérus.
11 - Trompe.

d'ovulation. À partir du troisième jour de la montée thermique, il ne peut y avoir de fécondation jusqu'aux règles. Il existe donc une période de 8 à 10 jours précédant les règles pendant laquelle la femme peut avoir des rapports sans danger, à condition de continuer à prendre la température quotidiennement (*voir méthode des températures).*

« Il faut toujours penser à la possibilité d'une grossesse dès que l'on envisage d'avoir des rapports, et choisir une méthode qui permette d'éviter des risques inutiles. »

Combien de temps l'ovulation dure-t-elle ?

La période pendant laquelle l'ovocyte est fécondable est très courte. Comme cette fécondation a lieu dans le tiers externe de la trompe, quelques heures après la libération de l'ovocyte par le follicule, la période où celui-là peut rencontrer un spermatozoïde ne dure théoriquement que 6 heures. Mais étant donné que les spermatozoïdes peuvent vivre plusieurs jours, on ne peut déterminer le jour exact de la fécondation probable par rapport à une relation sexuelle. Toute la difficulté de la contraception vient de l'impossibilité de déterminer à chaque cycle menstruel, et de façon absolue, cette période.

Il faut également tenir compte d'autres facteurs, comme la durée d'ascension des spermatozoïdes, qui varie d'un individu à l'autre. Disons que, dans les voies génitales de la femme, les spermatozoïdes progressent à peu près de 1,5 millimètres par minute.

Combien de temps les spermatozoïdes peuvent-ils rester vivants ?

La durée de survie des spermatozoïdes est très variable selon le milieu où ils se trouvent. Le vagin, qui contient normalement des germes nombreux, constitue un milieu peu propice, et les spermatozoïdes n'y survivent pas plus de quelques heures. Au contraire, ils trouvent dans la glaire du col de l'utérus un milieu aseptique très favorable, et on peut les y retrouver vivants plusieurs jours après le rapport.

Si la femme n'a qu'une ovulation par mois, il y a peu de chances pour elle d'être enceinte. C'est donc par malchance qu'elle le devient ?

La période de fécondation de la femme est brève mais à ce moment tout concourt à la favoriser. Comme on ne peut prévoir avec exactitude le moment de la période féconde, les femmes sont amenées à prendre des précautions pendant toute la durée du cycle. Ce qui est apparu comme un des progrès les plus importants il y a 40 ans peut sembler aujourd'hui bien contraignant aux jeunes qui n'ont pas connu les difficultés de leurs aînés. La grossesse non désirée apparaît en effet bien souvent comme un accident, une malchance, et ceci d'autant plus que, dès qu'il a été déclenché par la fécondation, le processus de la grossesse évolue spontanément et de façon irréversible.

Pouvez-vous nous expliquer la méthode des températures ?

C'est une méthode simple, qui consiste à prendre au réveil, et avant toute activité, la température rectale. On la note sur un graphique. Normalement inférieure à 37° pendant la première moitié du cycle, la température s'élève, soit progressivement, soit brutalement, au-dessus de 37° et y demeure jusqu'à l'arrivée des règles pendant une période de 10 à 13 jours environ. On considère qu'à partir du soir du troisième jour du décalage de température, l'ovulation a eu lieu et que l'on peut avoir des rapports sans risque.

Bien que cette méthode ne soit pas d'une efficacité parfaite, puisqu'elle comporte environ 10 % d'erreurs, elle est suffisamment efficace pour pouvoir être conseillée, à condition toutefois de limiter les relations sexuelles à une période de 8 à 10 jours par cycle.

Est-elle valable pour une jeune fille ?

Oui, si elle est régulièrement réglée ; mais il faut s'en méfier dès qu'il existe des troubles de régularité du cycle.

Faut-il prendre la température tous les matins ?

Oui. Il est même indispensable d'en faire la courbe sur un graphique : c'est le seul moyen d'éviter les erreurs d'interprétation.

Quelle est la différence entre la méthode des températures et la méthode Ogino ?

La méthode des températures, strictement appliquée, donne le plus souvent en raison d'erreurs d'interprétation, un taux d'échecs de 10 % au moins. La méthode Ogino, qui consiste à calculer la période fertile en fonction de la durée des 12 derniers cycles, selon l'équation suivante :

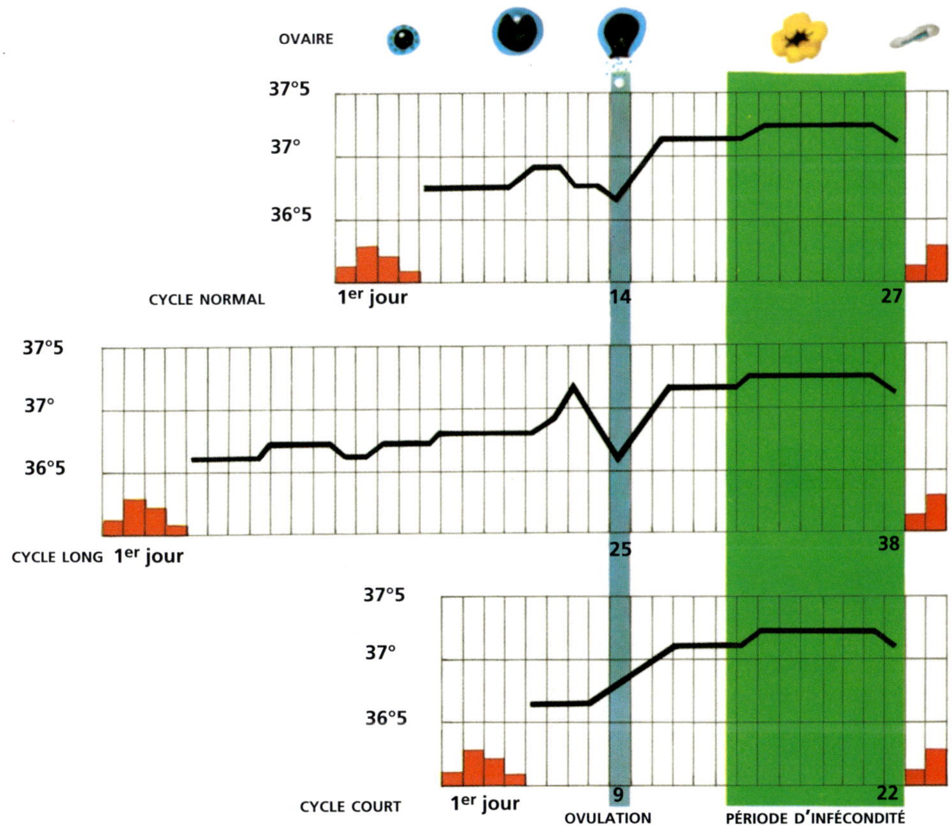

CI-CONTRE :

Courbes de température. Lorsque les cycles sont de longueur variable, c'est la première partie ou phase folliculaire, dite encore pré-ovulatoire, qui est modifiée. Après l'ovulation, la durée du corps jaune ou post-ovulatoire n'excède pas treize jours. Elle peut cependant être plus courte.

Ovaire
37°5
37°
36°5
Cycle normal 1er jour
14
27
37°5
37°
36°5
Cycle long 1er jour
25
38
37°5
37°
36°5
Cycle court 1er jour
9
22
Ovulation
Période d'infécondité

Premier jour = cycle le plus court – 18
Dernier jour = cycle le plus long – 11
– soit, pour un cycle de 26 à 32 jours, du huitième au vingt et unième jour –, est beaucoup moins sûre, et doit être formellement rejetée.

Les méthodes naturelles préconisées dans certains milieux – religieux, écologiques – sont basées sur l'auto-observation de la sécrétion de la glaire cervicale et sur un calcul approximatif de jours avant et après. On ne saurait trop mettre en garde contre ces méthodes en raison de leur manque d'efficacité.

retombe en général en 3 ou 4 jours. Mais, dès que survient le moindre événement inhabituel (insomnie, travail nocturne, grippe, émotion grave), il faut se méfier des modifications de la température et être très prudent dans l'interprétation de la courbe, c'est-à-dire ne pas se fier au décalage thermique : il peut être dû à une cause autre que l'ovulation.

CI-DESSOUS : **Le préservatif, couramment appelé capote anglaise, s'adapte en se déroulant sur le pénis en érection, comme un doigtier sur un doigt, en laissant au bout 1 centimètre libre. Il ne doit être utilisé qu'une fois. Librement vendu en pharmacie, il constitue une méthode contraceptive de dépannage, en attendant une consultation médicale pour la prescription d'un autre procédé. Il devrait être employé avec un produit spermicide pour constituer une prévention idéale contre les maladies sexuellement transmissibles.**

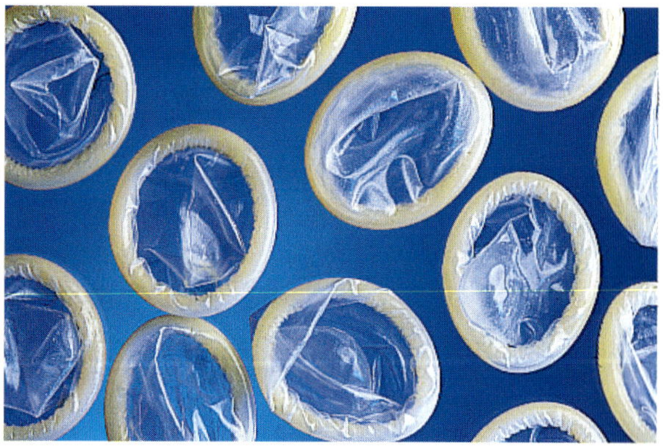

Comment déterminer la période inféconde si on est malade ?

En cas d'affectation chronique fébrile, la courbe de température peut être globalement augmentée, mais le décalage entre les deux périodes du mois persiste le plus souvent. En cas d'infection brève, la température

Quelles sont les conséquences de l'acte interrompu ?

Le plus grave inconvénient du fait que l'homme se retire avant l'éjaculation est le manque d'efficacité. Mais contrairement à ce que l'on a dit, cela n'a pas de répercussions psychiques ni pour l'homme ni pour la femme : à condition toutefois qu'aucun des deux partenaires n'en ressente un sentiment de frustration.

LE PRÉSERVATIF : UNE MÉTHODE EFFICACE

Est-ce que l'utilisation du préservatif masculins est une méthode efficace ?

Incontestablement. Avec un taux d'échecs de 6 % environ, la méthode du préservatif masculin est sans aucun doute une bonne méthode anticonceptionnelle. Elle a, de plus, l'avantage d'être à tout moment à la disposition du couple, puisque les préservatifs, comme leur nom l'indique, sont librement vendus en pharmacie, comme préventifs des MST.

Entraîne-t-elle des troubles psychiques ?

Non. Cet usage n'entraîne pas de troubles mais peut parfois laisser un sentiment d'incomplétude.
Tout dépend des individus, et des circonstances.

L'emploi des préservatifs est-il conseillé lors des premiers rapports ?

Bien que la pilule soit une méthode qui ne gêne en rien les deux partenaires au cours de l'acte sexuel, il faut utiliser des préservatifs masculins lors des premiers rapports pour se protéger du SIDA. On doit de

CI-DESSOUS :

La contraception est l'ensemble des méthodes qui permettent d'éviter temporairement la grossesse. Pour parvenir à ce but, on peut :

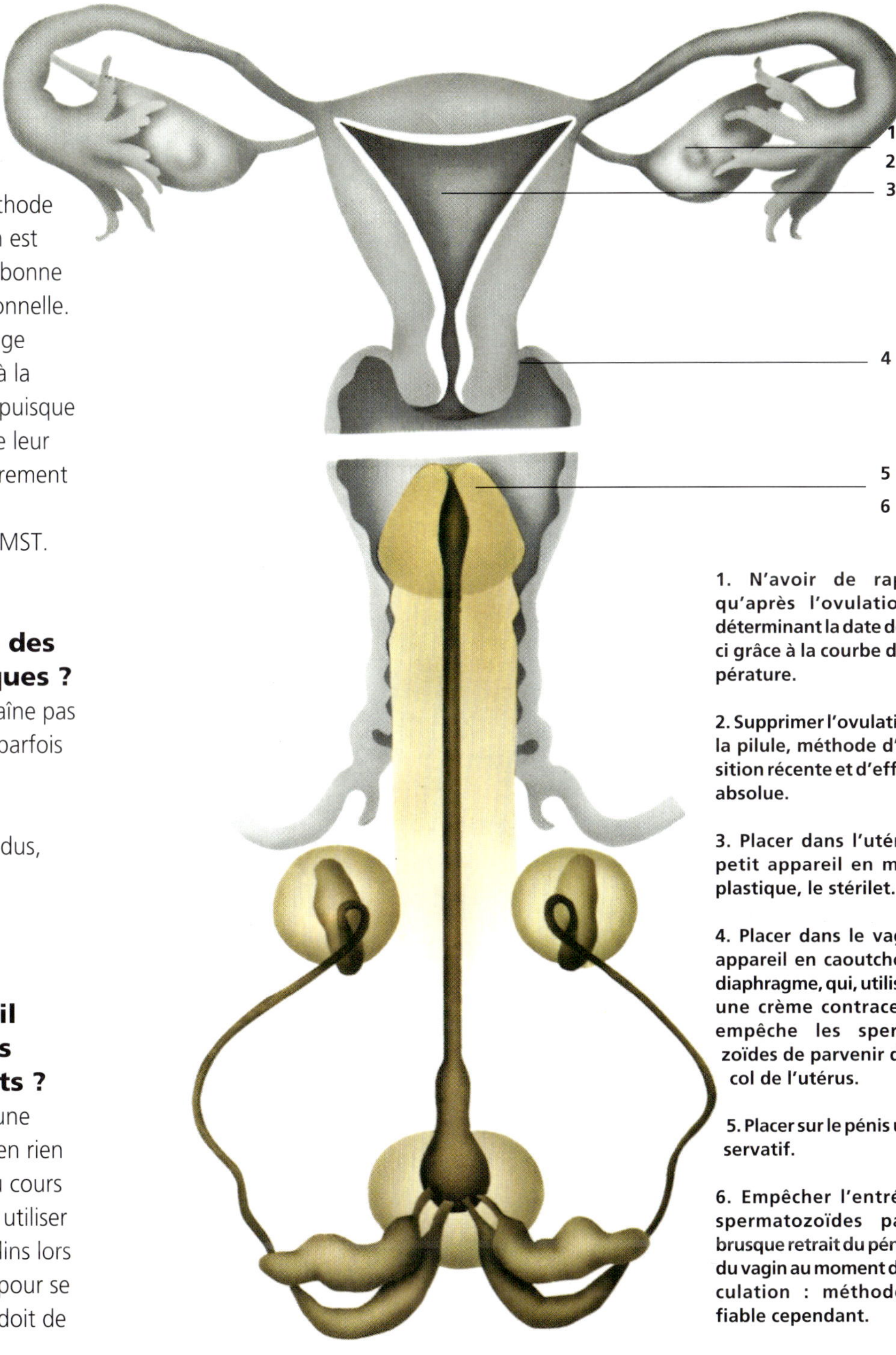

1. N'avoir de rapports qu'après l'ovulation, en déterminant la date de celle-ci grâce à la courbe de température.

2. Supprimer l'ovulation par la pilule, méthode d'acquisition récente et d'efficacité absolue.

3. Placer dans l'utérus un petit appareil en matière plastique, le stérilet.

4. Placer dans le vagin un appareil en caoutchouc, le diaphragme, qui, utilisé avec une crème contraceptive, empêche les spermatozoïdes de parvenir dans le col de l'utérus.

5. Placer sur le pénis un préservatif.

6. Empêcher l'entrée des spermatozoïdes par un brusque retrait du pénis hors du vagin au moment de l'éjaculation : méthode peu fiable cependant.

préférence utiliser des préservatifs lubrifiés. On leur ajoutera une crème anticonceptionnelle (celle-ci est également lubrifiante).

« Faire attention », qu'est-ce que cela veut dire ?

Le retrait, ou coït interrompu, consiste à empêcher les spermatozoïdes de gagner le col de l'utérus par un brusque retrait du pénis en dehors du vagin au moment de l'éjaculation. C'est ce que l'on appelle « faire attention », expression imagée qui montre bien la difficulté d'une méthode qui demande un effort de volonté particulièrement difficile au moment de l'orgasme. C'est ce qui explique le pourcentage d'échecs élevé de cette méthode – 25 à 30 % –, en particulier chez les jeunes, peu expérimentés. En France, 50 % des couples employaient cette méthode avant l'apparition des moyens modernes de contraception.

Protègent-ils du SIDA ?

Le SIDA se transmet non seulement par le sang mais aussi par les sécrétions vaginales et par le sperme. Le préservatif constitue le meilleur moyen de protection contre la transmission par voie sexuelle de cette maladie dont on connaît l'extrême gravité malgré de récents progrès thérapeutiques prometteurs. Il ne faut donc pas hésiter à compléter la pilule par l'utilisation de préservatifs en cas de rapport imprévu ou lorsque le couple est instable et que les partenaires peuvent avoir des rapports occasionnels. Bien entendu, quand l'un des deux partenaires est séropositif, le préservatif est de rigueur.

« Les préservatifs masculins permettent d'avoir des rapports sans délai et peuvent être utilisés sans danger en attendant de disposer d'une méthode plus séduisante. »

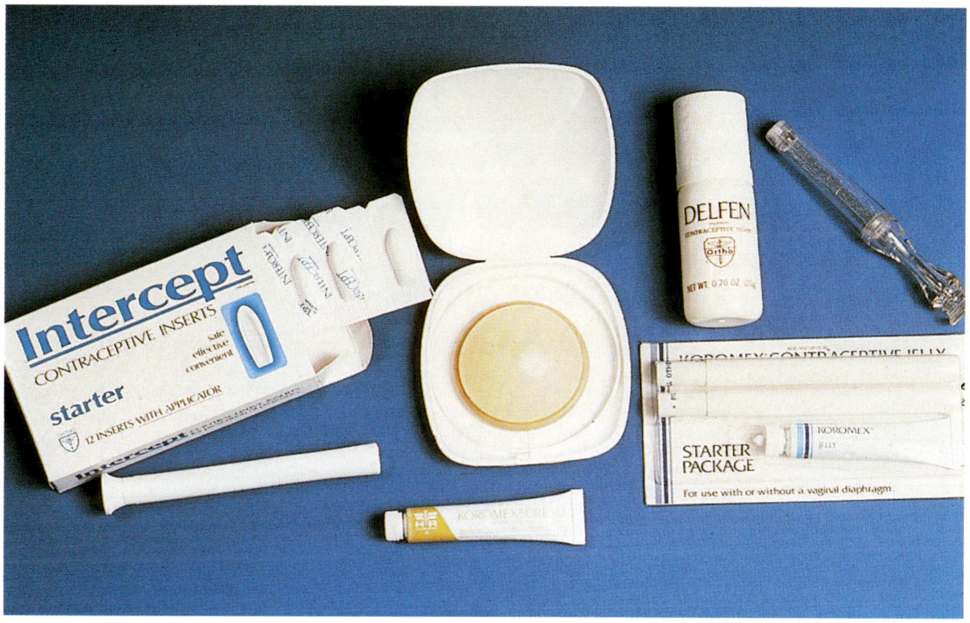

CI-CONTRE :
LES OVULES doivent être introduits dans le vagin au moins 15 minutes avant le rapport pour qu'elles aient le temps de fondre.

LES ÉPONGES sont imbibées de produit spermicide, elles peuvent être introduites immédiatement avant le rapport et peuvent rester en place pendant 24 heures en gardant toute leur valeur spermicide.

LES TUBES UNIDOSES contiennent un produit spermicide puissant et doivent être utilisés selon les indications portées sur l'emballage immédiatement avant le rapport.

LES MOYENS VAGINAUX DE CONTRACEPTION

Existe-t-il des moyens locaux ou vaginaux de contraception ?

Oui, depuis plusieurs années on dispose de contraceptifs locaux suffisamment efficaces pour pouvoir être conseillés. Bien qu'aucun d'eux ne donne une sécurité absolue, avec un taux d'échecs de 5 % environ, ils constituent une méthode d'appoint facile à utiliser.
Ils contiennent tous un produit spermicide empêchant les spermatozoïdes de pénétrer dans la glaire et de monter vers l'utérus.
Ils existent sous plusieurs présentations.
Les ovules, qu'il faut placer à l'avance bien au fond du vagin et laisser fondre pendant dix minutes au moins en restant allongée, ne doivent pas être utilisés si l'on suit un traitement local.
Les unidoses, sorte de petits tubes munis d'un long embout, ont l'avantage d'éviter les manipulations désagréables pour certaines femmes.

> **« Les moyens locaux de contraception et les préservatifs sont librement vendus par tous les pharmaciens. On peut donc les utiliser avant de consulter un médecin. »**

Les éponges ou tampons sont de petites éponges imbibées d'un produit spermicide, placées bien au fond du vagin. Elles peuvent rester en place 24 heures, permettant des rapports successifs sans autre manœuvre locale. Leur retrait est parfois un peu délicat, mais leur inconvénient est surtout leur prix assez élevé.
Les moyens locaux de contraception peuvent être utilisés avant la consultation d'un médecin qui proposera peut-être une méthode plus commode et plus efficace.

Quels sont les préservatifs féminins ?

Il existe des obturateurs féminins qui sont tombés en désuétude depuis que l'on dispose de méthodes

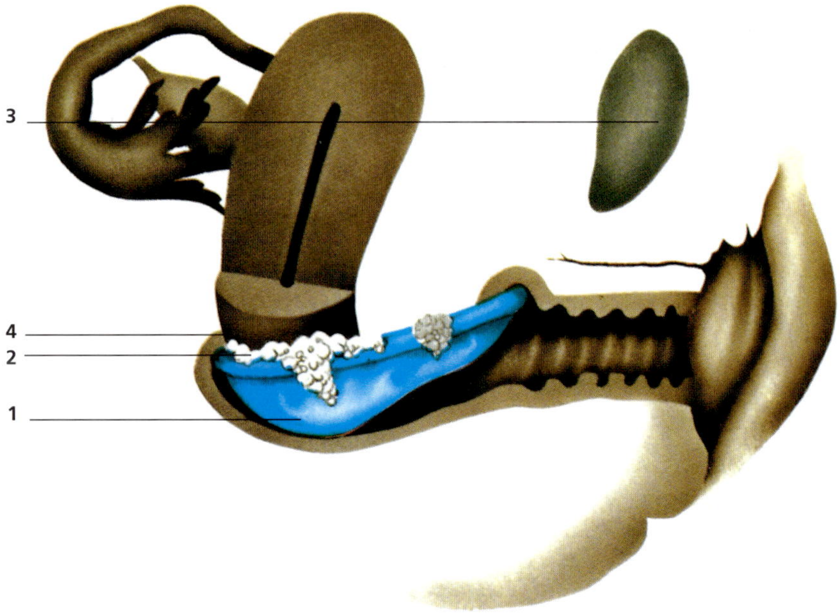

Le diaphragme est le plus employé des préservatifs féminins. Pour en obtenir la meilleure efficacité possible, il faut choisir sa taille avec précision et s'assurer à chaque fois que le col est bien recouvert par l'appareil. Comme tous les préservatifs féminins, le diaphragme s'emploie toujours avec une crème contraceptive.
1 - Diaphragme.
2 - Crème spermicide.
3 - Symphyse pubienne.
4 - Cul-de-sac postérieur.

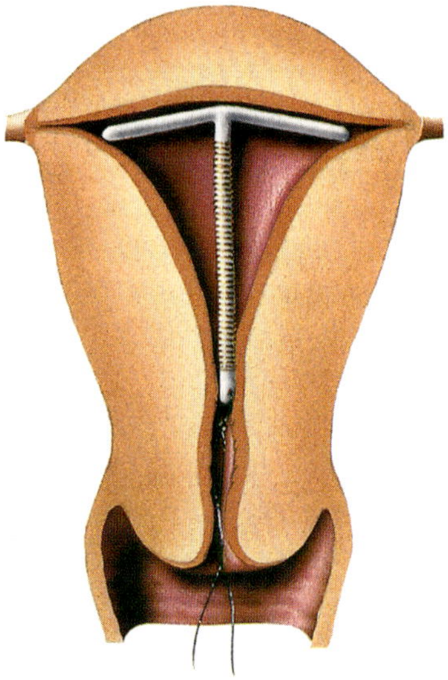

Les stérilets, petits appareils en matière plastique de formes diverses, sont introduits par le médecin dans la cavité utérine. Avec leur taux d'échecs de 1 %, ils assurent à la femme sans aucun effort de sa part, une contraception de bonne qualité. Toutefois ils ne sont pas toujours bien tolérés et leur utilisation nécessite une surveillance médicale.

plus faciles à utiliser. Ce sont les diaphragmes qui doivent être mis en place avant chaque rapport par la femme qui doit vérifier qu'ils recouvrent bien le col. Ils s'emploient avec une crème contraceptive. Ils ne peuvent être utilisés avant les premiers rapports et ne sont pas préventifs des maladies sexuellement transmissibles.

Quelle est la différence entre le diaphragme et le stérilet ?

Alors que le diaphragme, qui se place dans le vagin, doit être mis par la femme avant chaque rapport et retiré 8 heures après, le stérilet, qui est inséré dans l'utérus par le médecin, peut rester en place pendant des années s'il est bien toléré. Ainsi, le diaphragme demande un certain apprentissage et de l'habileté de la part de la femme, alors que le stérilet, au contraire, une fois posé par le médecin, ne demande aucune manipulation.

Pourquoi faut-il que le médecin pose lui-même le stérilet ?

La cavité utérine, contrairement à la cavité vaginale, est une cavité aseptique. La mise en place d'un corps étranger dans la matrice demande donc que l'on respecte les lois strictes de l'asepsie, faute de quoi on verrait rapidement survenir des infections sévères.

Comment cela agit-il ?

Le mécanisme d'action du stérilet comporte encore bien des inconnues. Mais ce que l'on sait, c'est qu'il n'agit pas du tout comme un moyen mécanique. Un mécanisme hormonal et une réaction locale contribueraient à empêcher la fécondation et la nidation

Pourquoi les stérilets ont-ils des formes différentes ?

On a cherché, en modifiant leurs formes, en faisant varier le volume ou la surface de l'appareil, ou bien par l'adjonction de dérivés hormonaux ou de sels minéraux et notamment du cuivre, à en améliorer la tolérance et l'efficacité.

Le stérilet est-il parfaitement efficace ?

Non. Il existe, avec le stérilet, un risque de 1 % de grossesses. La plupart de celles-ci, contrairement à ce que l'on a dit, surviennent alors que l'appareil est en place et non après son expulsion.

« Le stérilet, en raison de son risque d'infection minime mais réel, ne doit pas être posé chez une jeune fille ou une jeune femme qui n'a pas eu d'enfants. »

LA PILULE

La pilule est-elle plus efficace ?

Oui. La pilule est la seule méthode contraceptive dont l'efficacité, s'il n'y a pas d'oubli dans la prise des comprimés, approche des 100 %.

Qu'est-ce qu'elle contient ?

Il existe actuellement plusieurs sortes de pilules. La plupart contiennent un mélange des deux hormones sécrétées par l'ovaire : les œstrogènes et la progestérone.

Comment agit-elle ?

Les deux hormones, prises simultanément au début du cycle, inhibent la sécrétion hypophysaire et, par là, le fonctionnement de l'ovaire qui est sous la dépendance de l'hypophyse. C'est donc en supprimant l'ovulation que la pilule agit.

Quelles sont les différences entre les pilules ?

Les unes contiennent les deux hormones ovariennes :
– soit en quantité égale pendant tout le cycle. Ce sont les pilules monophasiques, parmi lesquelles on distingue les pilules normodosées et les pilules minidosées qui contiennent moins d'éthinyl-estradiol que les premières ;
– soit à des doses variables reproduisant plus ou moins fidèlement le cycle. Ce sont les pilules biphasiques ou triphasiques selon qu'il existe deux ou trois concentrations différentes au cours du cycle. Leur dosage en œstrogène étant faible, ce sont toutes des minipilules. Les autres contiennent successivement les deux hormones. Aussi la dose d'œstrogène utilisée pour bloquer l'ovulation est-elle beaucoup plus forte. Plus rarement employées, elles ont des indications particulières. C'est la méthode « séquentielle ».

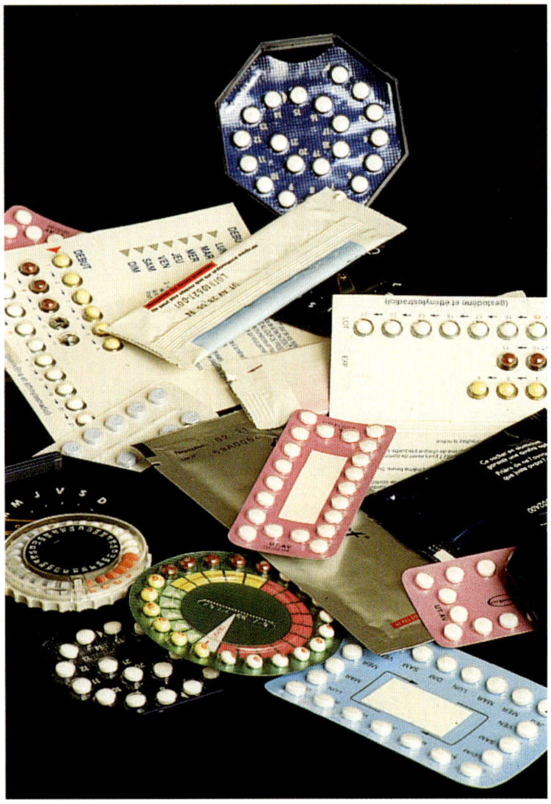

CI-DESSUS

Prise correctement, la pilule assure une sécurité absolue. Elle ne doit être adoptée qu'après examen médical qui éliminera les exceptionnelles contre-indications à son utilisation. En permettant aux femmes d'aborder les premières relations sexuelles sans aucun risque de maternité, la pilule est la méthode contraceptive la plus séduisante.

Enfin, il existe les micropilules. Elles ne bloquent pas l'ovulation, mais agissent sur la glaire et sont donc moins efficaces que les autres pilules. Elles ont des indications exceptionnelles.

Comment la prend-on ?

Le traitement doit être commencé dès le début du cycle. Lorsqu'on la prend pour la première fois, il est recommandé de la démarrer le 1er jour des règles. Le traitement doit être poursuivi chaque jour, pendant 3 semaines le plus souvent, puis repris après une interruption de 7 jours. La présentation en plaquettes avec le jour de la semaine marqué sous chaque pilule permet d'éviter les oublis ou, au moins, de s'en rendre compte au plus tard le lendemain. Les micropilules se prennent tous les jours, sans interruption, 28 jours sur 28, à la même heure. Un oubli ou un retard font courir un risque. Dans ce cas, il faut continuer à les prendre tout en s'entourant d'autres précautions (préservatifs, ovules) jusqu'à la prochaine plaquette. En l'absence de règles, il est utile de pratiquer un test de grossesse puisque l'efficacité des micropilules est nettement moindre. Elles ne doivent être utilisées que dans des cas exceptionnels.

Au bout de combien de temps est-elle efficace ?

Dès le premier mois, à condition d'avoir commencé le 1er jour des règles.

Est-ce que l'on a ses règles ?

Oui, pendant les 7 jours d'arrêt, les règles surviennent. Il ne s'agit pas de règles authentiques, c'est-à-dire résultant de l'involution d'un corps jaune après ovulation, mais d'une « hémorragie de privation », consécutive à la brusque chute du taux hormonal.

« Les micropilules sont constituées de très faibles doses de progestatifs seuls et sont préscrites quand il existe des troubles graves de la fonction lipidique et que les autres pilules sont contre-indiquées. »

Pourquoi sont-elles diminuées ?

Comme il ne s'agit pas de vraies règles, ces pseudo-règles sont en général différentes des menstruations habituelles : plus pauvres, plus noires, elles sont toujours indolores. Elles peuvent même disparaître pendant quelques mois, ce qui importe peu si la pilule, d'autre part, est bien tolérée.

Comment faire pour ne pas grossir quand on prend la pilule ?

Le risque de prendre du poids est beaucoup moins grand maintenant avec les produits faiblement dosés. Il est même exceptionnel avec certaines pilules. En cas de prédisposition à l'obésité, le médecin devra tenir compte de ce facteur dans le choix du contraceptif.

Est-ce vrai que cela rend nerveux ?

Parfois. Certains produits peuvent aggraver des troubles préexistants. Mais la fréquence des troubles nerveux est telle qu'il est souvent difficile de faire la part de ce qui est dû aux troubles antérieurs et de ce qui est provoqué par la thérapeutique.

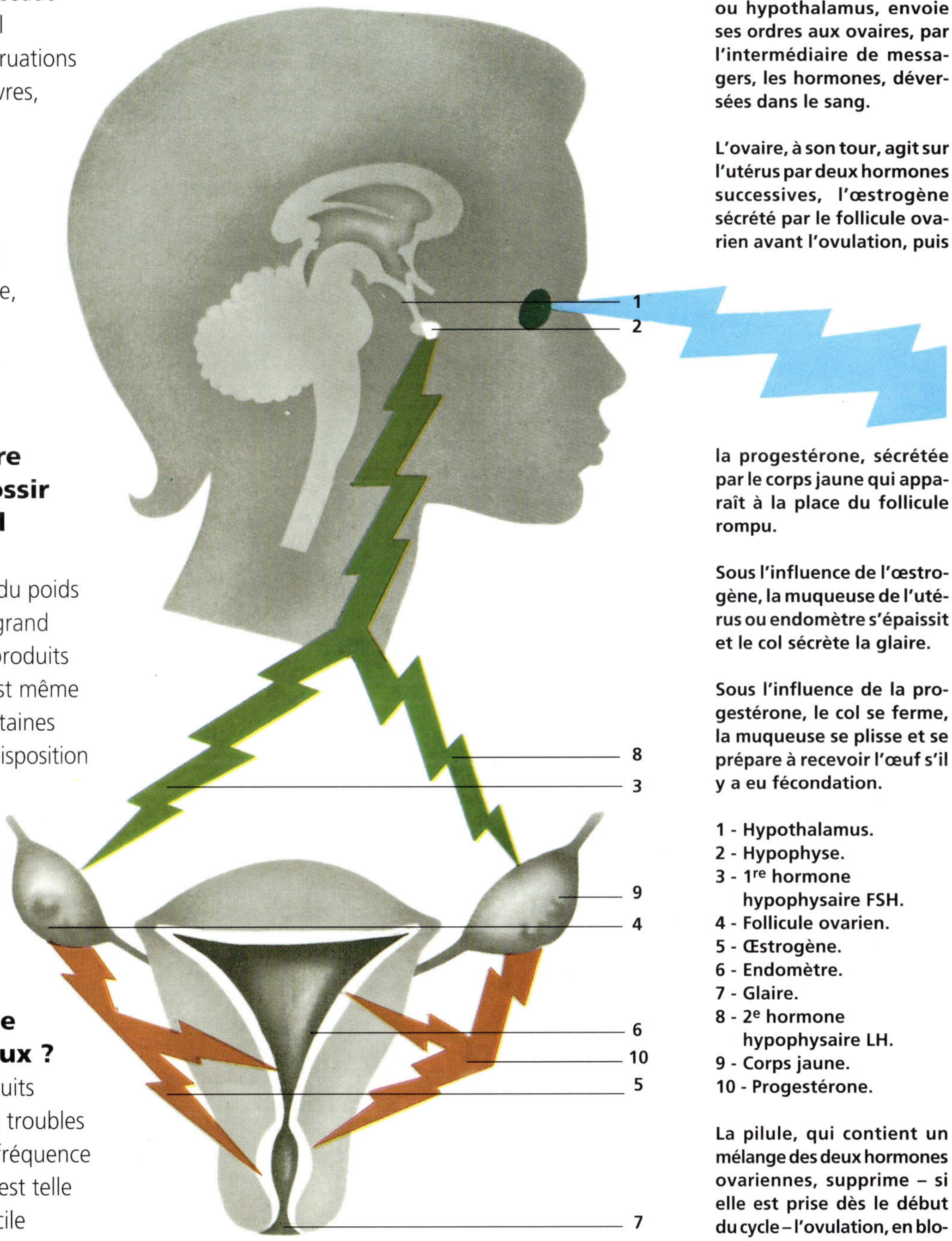

L'hypophyse, petite glande située à la base du cerveau, très sensible aux incitations nerveuses qui lui sont transmises par la base du cerveau ou hypothalamus, envoie ses ordres aux ovaires, par l'intermédiaire de messagers, les hormones, déversées dans le sang.

L'ovaire, à son tour, agit sur l'utérus par deux hormones successives, l'œstrogène sécrété par le follicule ovarien avant l'ovulation, puis la progestérone, sécrétée par le corps jaune qui apparaît à la place du follicule rompu.

Sous l'influence de l'œstrogène, la muqueuse de l'utérus ou endomètre s'épaissit et le col sécrète la glaire.

Sous l'influence de la progestérone, le col se ferme, la muqueuse se plisse et se prépare à recevoir l'œuf s'il y a eu fécondation.

1 - Hypothalamus.
2 - Hypophyse.
3 - 1re hormone hypophysaire FSH.
4 - Follicule ovarien.
5 - Œstrogène.
6 - Endomètre.
7 - Glaire.
8 - 2e hormone hypophysaire LH.
9 - Corps jaune.
10 - Progestérone.

La pilule, qui contient un mélange des deux hormones ovariennes, supprime – si elle est prise dès le début du cycle – l'ovulation, en bloquant la sécrétion hypophysaire.

Et les nausées ?

Elles sont en général transitoires et disparaissent en quelques jours. Il est rare maintenant que les troubles digestifs obligent à suspendre le traitement.

Pouvez-vous nous dire quels sont les dangers de la pilule ?

Il faut d'abord distinguer les petits inconvénients des accidents exceptionnels parfois très graves.
Les incidents sont en général transitoires et disparaissent quelques jours après le début du traitement : nausées, sensation de gonflement.
On ne voit pratiquement plus de prise de poids avec les pilules légères. Une certaine nervosité ou une tendance dépressive ne se rencontre que chez les gens prédisposés.
La survenue de saignements anormaux est fréquente et ne doit pas inquiéter s'ils s'arrêtent rapidement.
L'absence d'hémorragies de privation pendant les 7 jours d'arrêt est banale. Elle oblige toutefois à s'assurer par un test de l'absence de grossesse.
Le vrai danger de la pilule est la possibilité d'accidents cardio-vasculaires. Ces accidents sont beaucoup moins fréquents depuis que l'on utilise des pilules légères, d'une part, et que l'on connaît mieux les rares contre-indications de la pilule d'autre part.

C'est pourquoi il est indispensable de les rechercher, avant de la prendre, par l'examen médical qui étudiera les antécédents personnels et familiaux et de faire une prise de sang pour déceler les anomalies métaboliques qui pourraient y prédisposer.
Un risque important est lié à une association de la pilule avec le tabagisme. Une femme qui fume a six fois plus de risques de faire un accident cardiaque à la quarantaine si elle prend la pilule. Par contre le risque de cancer n'est pas accru par la pilule, de même toutes les enquêtes faites sur les enfants nés de femme ayant pris la pilule n'ont jamais montré une plus grande fréquence de malformations congénitales.

Quelle conséquence peut-il y avoir en cas d'oubli de la pilule pour l'enfant ?

Aucune, la plupart du temps. Pour qu'il y ait un petit risque pour l'enfant, il faudrait avoir pris certains produits à une dose quadruple de la dose habituelle et jusqu'au troisième mois de la grossesse.

Y a-t-il un risque de stérilité ?

Il n'y en a aucun. Ce qui peut arriver à l'arrêt de pilule, c'est que le cycle ovarien ne reprenne pas un fonctionnement normal

La stérilisation, chez la femme, se pratique par ligature-résection des deux trompes.
C'est un acte définitif, qui nécessite le plus souvent une véritable intervention chirurgicale.
Depuis peu, on pratique des ligatures des trompes grâce à un petit appareil, le cœlioscope, qui permet d'éviter l'ouverture de l'abdomen. Cette technique favorisera peut-être la généralisation de cette intervention.

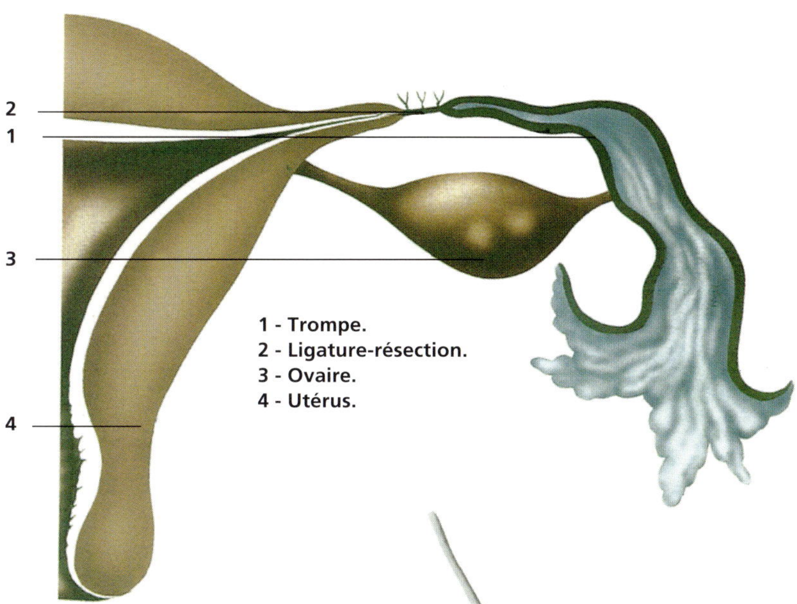

1 - Trompe.
2 - Ligature-résection.
3 - Ovaire.
4 - Utérus.

et que le retour des règles se fasse attendre plusieurs mois. Cette aménorrhée est transitoire et ne peut rendre stérile.

La stérilisation se pratique, chez l'homme, en sectionnant le canal déférent. Il s'agit d'un acte définitif, car il est très difficile de faire une intervention restauratrice. La vasectomie, ou ligature du déférent est une intervention bénigne, qui peut, dans certains pays, être pratiquée sur une vaste échelle.

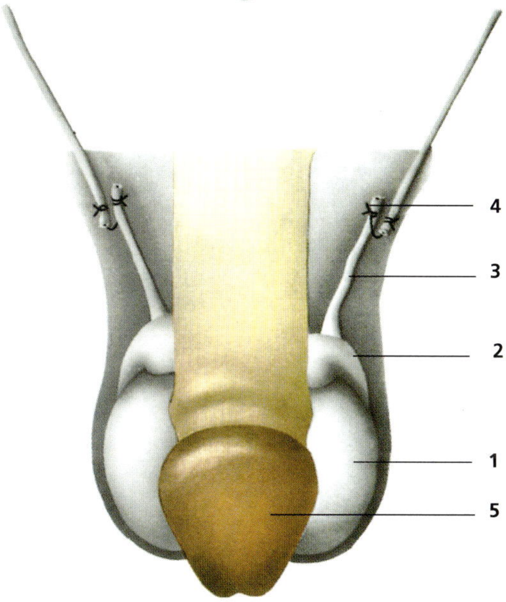

1 - Testicule.
2 - Épididyme.
3 - Canal déférent.
4 - Vasectomie.
5 - Pénis.

Combien de temps faut-il attendre pour entreprendre une grossesse ?

Bien que l'on n'ait pas démontré le moindre risque pour la grossesse si la femme devient enceinte dès l'arrêt de la pilule, il est préférable d'attendre le retour à un cycle normal, c'est-à-dire 2 à 3 mois après l'arrêt de la pilule.

La pilule est-elle déconseillée en cas de jaunisse ?

La pilule n'est formellement contre-indiquée qu'en cas de jaunisse pendant une grossesse antérieure. Autrement, elle est seulement déconseillée jusqu'à ce que les examens de la fonction hépatique soient redevenus normaux. Ses composants sont en effet dégradés par le foie (comme tous les aliments), et il est dangereux d'imposer à ce dernier un surcroît de travail.

Y a-t-il des pilules pour hommes ?

Malgré les recherches entreprises, il n'y a pas encore de pilules pour hommes, et pour deux raisons essentielles. L'une, d'ordre scientifique, est qu'il faut environ 2 mois et demi à un spermatozoïde fabriqué par le testicule pour parvenir à l'orifice urétral. Il faudrait donc s'y prendre à l'avance pour bloquer la spermatogenèse ou pour que l'homme recouvre des possibilités de fécondation. La deuxième est d'ordre psychologique. L'homme confond encore trop souvent sa virilité avec sa fécondité. Aussi, malgré le désir des femmes de voir les hommes partager leur effort pour maîtriser la fécondité du couple, ne peut-on actuellement espérer de contraceptions hormonale masculine.

Qu'est-ce que la pilule du lendemain ?

Si on a eu un rapport sans précaution, on peut avoir recours à la pilule du lendemain, appelée aussi contraception d'urgence. Il faut prendre au plus tard 72 heures après le rapport, deux pilules normodosées à 12 heures d'intervalle. C'est une méthode exceptionnelle qui permet d'éviter une grossesse non désirée. Elle nécessite une consultation médicale d'urgence. D'autres médicaments sont actuellement à l'étude. La mifégyne ou anti-progestérone utilisée avec succès pour interrompre des grossesses, donne des résultats prometteurs en contraception d'urgence.

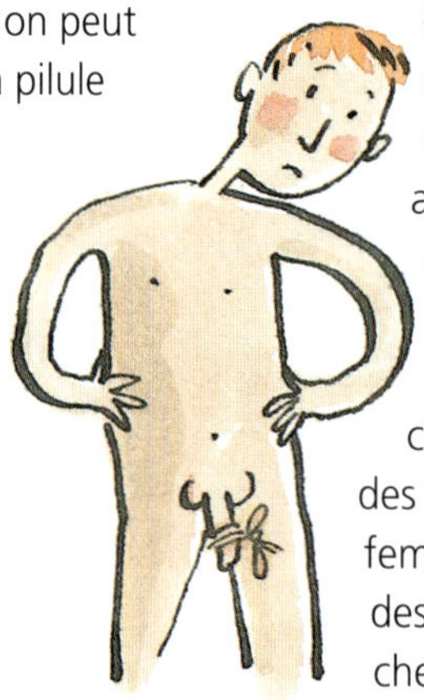

« On considère actuellement que dans un couple, les causes de stérilité sont également partagées entre l'homme et la femme. »

Quelle est la différence entre stérilisation et contraception ?

La contraception est transitoire (elle permet au couple d'avoir des enfants quand il le désire), alors que la stérilisation est définitive. La stérilisation demande une intervention chirurgicale, ligature des trompes chez la femme, ou ligature des déférents chez l'homme.

Est-ce que l'on peut réparer une ligature de trompes ?

Les tentatives de réabouchement des trompes ou des canaux déférents, qui sont des canaux très fins, ont un pourcentage d'échecs important. On doit donc considérer ces interventions comme irréversibles.

L'AVORTEMENT

Qu'est-ce que l'avortement ?

L'avortement est l'interruption de la grossesse avant le sixième mois de son développement. L'avortement peut être spontané (lorsque le contenu utérin est naturellement évacué) ou demandé par la femme. C'est l'interruption volontaire de grossesse légale en France jusqu'à 2 mois et demi de grossesse. Il existe aussi l'avortement thérapeutique, lorsque c'est le médecin qui, dans certaines circonstances prévues par la loi, le pratique.

Est-il possible d'interrompre une grossesse dès le début par des pilules ou des piqûres ?

Depuis peu on dispose de deux médicaments capables d'arrêter le développement d'une grossesse de 3 à 5 semaines. On peut les utiliser séparément ou ensemble. Utilisés simultanément, ils provoquent un avortement dans 95 % des cas. Ce sont la mifégyne ou antiprogestérone (RU 486) qui n'est pas commercialisée mais utilisée dans les cliniques et les hôpitaux ainsi que dans les centres d'IVG (voir plus loin). Et les prostaglandines qui, elles, sont commercialisées. Cependant, en raison d'échecs possibles d'une part, et de la survenue d'hémorragies graves d'autre part, cette méthode d'avortement nécessite une surveillance médicale stricte.

On dit que l'avortement est dangereux. Pourquoi ?

L'avortement était dangereux, lorsque illégal car il était pratiqué dans de mauvaises conditions d'hygiène. Il se compliquait souvent d'infections sévères menaçant la vie des femmes et laissait des séquelles locales risquant de retentir sur la vie génitale et d'interdire définitivement toute possibilité de grossesse.

« Presque tous les pays européens ont modifié leurs lois en faveur de l'avortement libre. Mais dans tous les pays, certains groupements militent contre cette possibilité. »

L'interruption volontaire de grossesse (IVG) est-elle aussi dangereuse ?

Non. Dans la très grande majorité des IVG, les suites sont simples et la femme retrouve son état antérieur. Mais toute IVG est une petite « opération » et, comme telle, a un risque minime d'accident ou de complication (par exemple, une hémorragie ou une infection). C'est pourquoi il est préférable d'avoir recours à la contraception plutôt qu'à l'avortement.

Quelles sont les principales causes de la stérilité de la femme ?

Il y a deux grandes causes de stérilité féminine :
– soit le trajet qui permet la rencontre des spermatozoïdes et de l'ovocyte est obturé (au niveau du col de l'utérus ou, très souvent au niveau des trompes),
– soit l'ovaire ne parvient pas à expulser un ovocyte mûr.
Dans le premier cas, on peut opérer pour « déboucher » le trajet. Si cela échoue, on peut s'adresser à la fécondation in vitro *(voir p. 109)*.
Dans le second cas, on peut donner des médicaments pour stimuler l'ovaire.

Quelles sont les causes de stérilité de l'homme ?

Des anomalies des testicules peuvent en altérer la fonction, qui est de produire des spermatozoïdes.
Des malformations acquises ou congénitales de l'appareil de conduction peuvent aussi empêcher les spermatozoïdes de parvenir dans l'urètre.
Parmi les malformations acquises, il faut noter celles qui succèdent à une infection grave (par exemple, la blennorragie) et entraînent un rétrécissement de l'urètre. Heureusement, elles sont devenues rares depuis l'avènement de l'ère des antibiotiques.

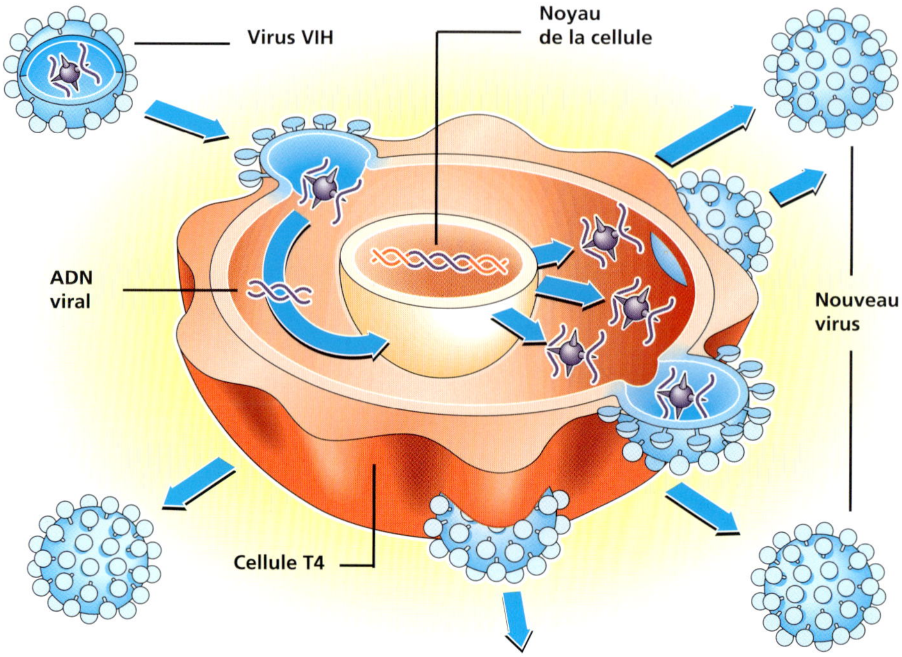

LA PRODUCTION DE NOUVEAUX VIRUS PAR UNE CELLULE INFECTÉE :
Suite à l'infection d'une cellule par le VIH, de nouveaux virus appelés virions, sont libérés par bourgeonnement à la surface de la cellule. La compréhension fine des différentes étapes menant cette multiplication, depuis l'entrée du virus jusqu'au bourgeonnement, est déterminante pour la conception de nouveaux traitements.

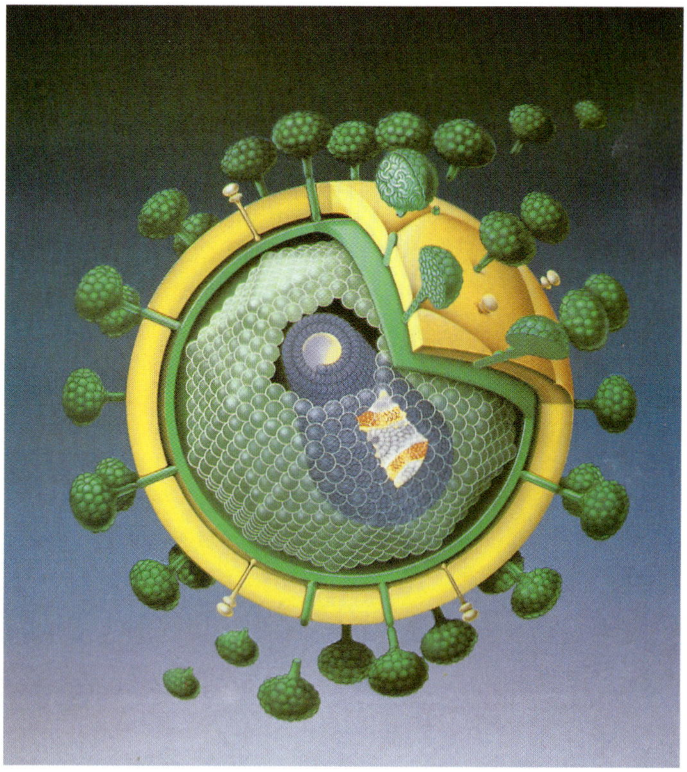

Le virus du SIDA, dénommé VIH, a été découvert par un Français (le professeur Montagnié).

LES MALADIES

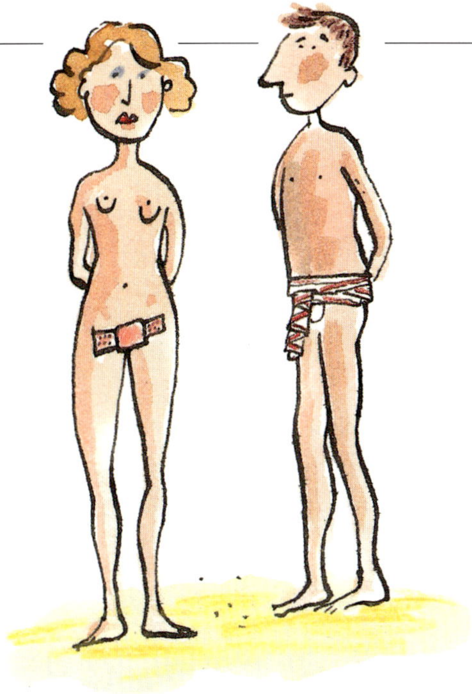

LES MALADIES SEXUELLEMENT TRANSMISSIBLES

Qu'est-ce que les maladies sexuellement transmissibles ou MST ?

On désigne par ces initiales les maladies dues à des microbes ou à des virus transmissibles lors de rapports sexuels.
On les a appelées longtemps les maladies vénériennes.
Elles peuvent être localisées aux organes génitaux et se manifestent le plus souvent très rapidement, ce qui permet de leur opposer immédiatement un traitement approprié. Elles peuvent être généralisées, après passage dans la circulation sanguine, et ne se déclarer qu'après une période plus ou moins silencieuse.
Les plus connues étaient la gonococcie (chaude-pisse) et la syphilis. Celle dont on parle le plus aujourd'hui est le SIDA.

Pourquoi est-ce aujourd'hui un problème préoccupant ?

L'adolescence représente aujourd'hui une période de risques pour la transmission des MST, dans la mesure où l'âge du premier rapport n'a cessé de baisser au cours des dernières décennies.
Par ailleurs, de plus en plus nombreux sont les adolescents qui ont des relations sexuelles, et souvent avec des partenaires différents, ce qui explique la diffusion des MST.
Toutes les enquêtes récentes démontrent que l'adolescent et en partculier l'adolescente, paient un lourd tribut aux MST, surtout à certains germes dont on a découvert la responsabilité il n'y a pas très longtemps : les chlamydiae et les mycoplasmes.

« Les hépatites, en particulier B et C, peuvent entraîner des lésions graves du foie. Il faut se faire vacciner contre l'hépatite B, quand on débute la vie sexuelle, car elle fait partie des MST. »

Comment agissent ces germes ?

Lorsque le germe d'une infection pénètre dans le vagin, il peut commencer à s'y développer : ceci constitue une vaginite. Il peut aussi remonter dans les organes internes en passant successivement par le col de l'utérus, où il crée une cervicite, puis à l'intérieur de l'utérus, où il infecte l'endomètre (endométrite), puis par les trompes, où il constitue une salpingite.
Il peut enfin atteindre le péritoine qui est à l'intérieur de l'abdomen (péritonite).
Il s'agit d'une affection grave qui demande un traitement d'urgence.
D'autres fois, le germe ou le virus peuvent passer dans la circulation sanguine et entraîner des maladies généralisées comme, par exemple, une septicémie ou le SIDA.

Existe-t-il de nouvelles MST ?

Les MST les plus fréquentes aujourd'hui sont les infections à chlamydiae. Ces germes dont on connaissait la responsabilité dans le trachome, sont récemment apparus en tant qu'agents vénériens. Ils sont responsables de la majorité des urétrites non blennorragiques : dans ce cas, le pus urétral est dépourvu de gonocoques.
Ces infections ont des symptômes moins spectaculaires que la classique « chaude-pisse ». Elles n'en sont pas moins tenaces et graves. Chez l'adolescente notamment, une enquête récente menée à San Francisco fait état d'un taux d'infection à chlamydiae trois fois supérieur à celui des adultes.

Quels sont les signes de ces maladies ? À quels germes sont-elles dues ?

Chez la femme, les vaginites se manifestent par des pertes blanches ou jaunâtres, tachant le linge, souvent malodorantes et accompagnées parfois de brûlures ou de démangeaisons.
Certaines de ces vaginites sont dues à des trichomonas, parasites retrouvés à l'examen au microscope et transmis lors de contacts sexuels.
D'autres sont dues à des mycoses – champignons – parfois consécutives à un traitement par antibiotique.
Ils peuvent également s'attraper dans les piscines ou sur la plage.
Des traitements spécifiques viennent rapidement guérir ces vaginites qui ne sont pas graves. D'autres infections non traitées ou passées inaperçues, comme les infections à chlamydiae, peuvent se propager à l'utérus et aux trompes – endométrite et salpingite – pouvant entraîner une stérilité.
Chez le garçon, ces maladies provoquent des rougeurs, des irritations, des boutons du gland, des écoulements plus ou moins douloureux à la miction (quand on urine) et tachant le linge.
Parmi les autres MST qui connaissent une recrudescence aujourd'hui, il faut faire une mention spéciale de l'herpès génital.
Il se manifeste par une éruption de vésicules s'ulcérant rapidement, très douloureuses et accompagnées de ganglions dans l'aine. Il est très contagieux en période d'éruption. Nous disposons d'armes médicamenteuses efficaces sur la première atteinte et moins sur les récidives très fréquentes.
Il faut aussi parler des petites végétations qui peuvent apparaître sur la vulve, entre la vulve et l'anus, sur le gland. Dues à des virus, ce sont les

« Certaines infections peuvent, si elles ne sont pas soignées à temps, entraîner une stérilité chez les jeunes filles. »

crêtes de coq ou condylomes ; elles sont très contagieuses et peuvent se disséminer à l'intérieur du vagin et sur le col. Certains virus peuvent être trouvés à l'examen du col de l'utérus dont on peut confirmer la présence dans le corps par un examen du sang. Ces infections sont probablement plus fréquentes quand la jeune fille a de nombreux partenaires, et peuvent jouer un rôle dans l'apparition ultérieure du cancer du col de l'utérus. À côté de ces maladies dues à des germes ou des virus, surviennent parfois, chez les filles qui portent un pantalon trop serré, des irritations plus ou moins importantes de la vulve. Elles cessent quand la fille change de vêtement.

Comment se manifeste la syphilis ?

Elle se manifeste par une plaie qui ne se cicatrise pas, sur le gland, sur une autre partie de la verge ou de la vulve. Ces plaies que l'on appelle chancres, s'accompagnent toujours de ganglions, petites boules dures roulant sous les doigts, situés dans l'aine. Chez les filles, comme le chancre est le plus souvent interne, vaginal, seuls les

La chlamydiae est un germe qui pénètre dans les cellules et les détruit. Il est responsable de beaucoup d'infections sexuellement transmissibles et sa complication la plus grave est la stérilité par salpingite à bas bruit.

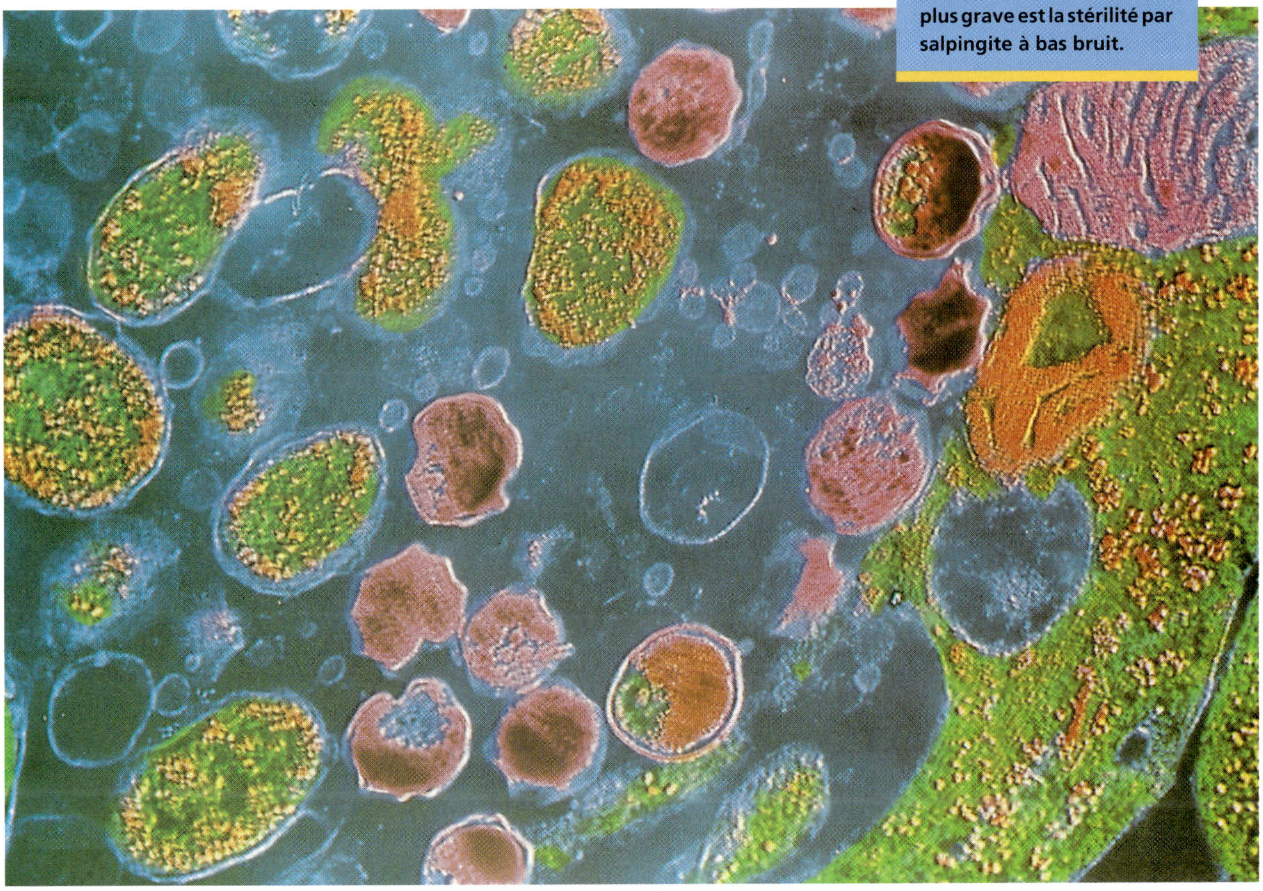

ganglions attirent l'attention. Tous ces signes évoquent une syphilis. Si l'on néglige de se faire soigner, celle-ci se traduira plus tard par une éruption de taches rosées sur tout le corps ou roséole (à ne pas confondre avec la rougeole ou avec la rubéole, maladies des jeunes enfants).

Les dangers de ces maladies sont-ils différents pour les garçons et les filles ?

Chez les garçons, il est rare d'observer des atteintes des canaux déférents, des testicules ou de la prostate. Par contre, chez les filles, les infections à mycoplasmes ou à chlamydiae dont la symptomatologie est parfois discrète, risquent de ne pas être soignées à temps et peuvent entraîner une stérilité par salpingite, à partir de l'envahissement des trompes. On enregistre, en France, plus de 100 000 cas de salpingite aiguë par an ; plus de 30 000 surviennent dans le groupe d'âge compris entre 15 et 18 ans, provoquant, dans 10 % des cas, une obturation des trompes. Des prélèvements systématiques pratiqués dans les centres de planning des pays scandinaves ont permis de traiter les complications car l'obturation des trompes entraîne une stérilité d'autant plus grave que les interventions chirurgicales pour rétablir les trompes dans leur état normal sont délicates, malgré la microchirurgie, et n'aboutissent pas toujours à un résultat parfait. Les lésions de la trompe peuvent être plus limitées et, si une fécondation a lieu, l'œuf plus gros que les spermatozoïdes, ne peut pas descendre vers l'utérus ; il se développe dans la trompe rétrécie : c'est une grossesse extra-utérine qui nécessite une intervention chirurgicale d'urgence. Ces lésions étaient, autrefois, au-dessus de toute thérapeutique ; on peut aujourd'hui « court-circuiter » la trompe par la fécondation in vitro appelée FIVETE.

Qu'est-ce que le SIDA ?

Parmi les MST, il faut parler du SIDA. C'est une maladie qui se transmet par le sang mais aussi par le sperme et les sécrétions vaginales, donc par les rapports sexuels. Cette maladie peut aussi se déclarer après une transfusion faite avec du sang infecté. Elle se transmet également au fœtus par voie placentaire, ou au bébé au moment de l'accouchement ou par l'allaitement.

> **« On doit absolument se protéger du virus du SIDA, et ce en mettant des préservatifs. »**

Le SIDA est une diminution acquise des défenses naturelles de l'organisme contre toutes les agressions extérieures comme les infections. Il est dû à un rétrovirus appelé VIH.
Le SIDA n'a pas de manifestations au niveau des organes sexuels, mais se révèle plus ou moins tardivement dans tout l'organisme. Il existe à ce moment des maladies dites opportunistes qui peuvent avoir une rapide évolution en raison de la diminution de défenses immunitaires. On sait que l'on est porteur du SIDA par une réaction faite par le sang. On est d'abord séropositif puis, plus tard, on peut présenter un SIDA déclaré. Il faut se protéger de cette maladie au cours des rapports sexuels par les préservatifs masculins utilisés avec des produits spermicides, en particulier si l'on a des rapports occasionnels.
Depuis 1996, a été instaurée une thérapeutique plus efficace. Au premier anti-rétrovirus AZT utilisé seul quelques années, on ajoute un autre antivirus : c'est la

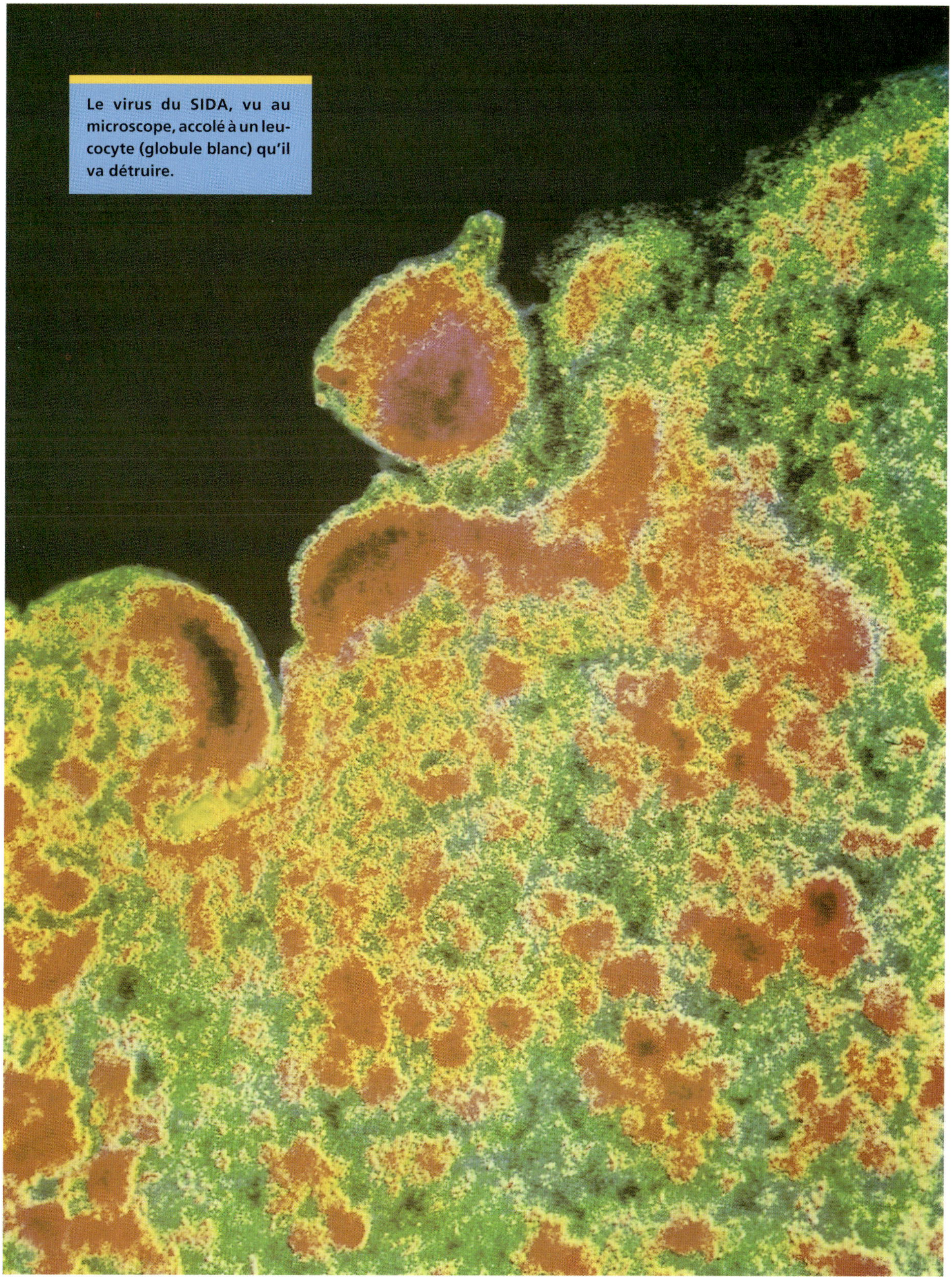

Le virus du SIDA, vu au microscope, accolé à un leucocyte (globule blanc) qu'il va détruire.

bithérapie. Récemment, le malade prend en plus une antiprotease : c'est la trithérapie. Grâce à cette thérapeutique, que certains supportent mal, 70 % des malades traités peuvent vivre mieux, reprendre du poids, des forces et vivre plus longtemps.
Les maladies opportunistes (pulmonaires surtout) doivent être traitées en même temps. Cette thérapie appliquée aux femmes enceintes séropositives permet la naissance d'enfants dont 5 ou 6 % seulement sont atteints.
Néanmoins, on ne peut pas encore dire que l'on guérit les malades atteints du SIDA, qui reste une maladie mortelle. Des travaux pour trouver un vaccin sont en cours .

Y a-t-il des maladies de l'appareil génital autres que les MST ?

Il existe effectivement des maladies, tant chez l'homme que chez la femme, qui ne sont pas des MST.
Le kyste de l'ovaire est l'augmentation anormale d'un follicule. C'est aussi, dans d'autres cas, un kyste qui se développe aux dépens des tissus d'origine embryonnaire . Dans ces cas-là, il n'est pas rare de trouver dans le kyste des dents ou des cheveux. Si les premiers kystes peuvent guérir parfois grâce à un traitement médical, les seconds doivent toujours être enlevés.
Le fibrome est la multiplication des fibres qui se trouvent entre les muscles de l'utérus. Elle entraîne un accroissement important du volume de l'utérus. La muqueuse interne peut s'épaissir et risque de saigner abondamment au moment des règles.
L'adénome de la prostate est une augmentation anormale des glandes qui constituent la prostate. Cela entraîne une gêne pour uriner avec des risques d'infection urinaire, ce qui exige un geste chirurgical.
Enfin, il faut savoir que tous les organes génitaux pourront, à partir d'un certain âge, être atteints de cancer, d'où la nécessité d'être examiné régulièrement par un médecin. Les examens annuels du col de l'utérus, avec frottis, permettent de dépister des anomalies afin d'éviter l'apparition d'un cancer du col de l'utérus.

LUTTER CONTRE LES MST

Comment peut-on faire pour éviter une MST ?

Il est, en premier, important d'avoir des rapports avec un ou une partenaire dont on connaît les habitudes sexuelles. En cas de rapports occasionnels et au moindre doute, il est nécessaire d'utiliser un préservatif avec des produits spermicides, même si la jeune fille prend la pilule contraceptive.
La prise de la pilule, d'ailleurs, en rendant la glaire épaisse, réalise au niveau du col, un « bouchon » qui empêche l'ascension des germes du vagin vers l'utérus et de fait la pilule est une assez bonne protection contre les MST banales, mais en aucun cas contre le SIDA.
D'où la nécessité absolue pour les jeunes filles de consulter à la moindre alerte.

Que doit-on faire quand on pense avoir l'une de ces maladies ?

Il faut consulter un médecin gynécologue, urologue ou généraliste. Il est aussi utile d'en parler à son partenaire pour l'inciter à consulter de son côté.
Le médecin, par l'examen clinique et avec l'aide d'un laboratoire – qui recherche les germes dans le pus ou au contact des lésions, ou bien contrôle l'existence d'une atteinte par ces germes ou virus par examen de sang – peut poser un diagnostic précis et affirmer l'origine microbienne, parasitaire ou virale de la maladie.
Quand le diagnostic est assuré, le médecin prescrit un traitement énergique, le plus souvent à base d'antibiotiques. Il faut s'y soumettre le temps nécessaire pour que la guérison soit totale. Lorsqu'une maladie sexuellement transmissible a été diagnostiquée sur un des deux partenaires, il est indispensable de soigner le couple, et tous les partenaires s'il y en a d'autres. En effet, certains sujets n'ont pas de symptômes apparents et sont ce qu'on appelle des porteurs sains de la maladie. Ils ont une défense suffisante pour ne pas faire une infection, mais ils hébergent les germes qui infecteront ou réinfecteront le partenaire. Il faut donc soigner tous les partenaires pour rompre la chaîne de transmission des MST.

Si l'on consulte un médecin pour une de ces maladies, va-t-il en parler aux parents ?

Chacun d'entre nous a droit au secret professionnel de la part du médecin, y compris les mineurs. Seul le malade peut permettre au médecin de ne pas garder le secret. Celui-ci ne dira rien aux parents de l'adolescent qui le consulte. Dans un cas de ce genre, c'est à ce dernier d'avertir ses parents : ils sont là pour comprendre et aider leur enfant quand il en a besoin.

LA RELATION SEXUELLE

LA REPRODUCTION

Comment fait-on un enfant ?

Pour qu'un enfant naisse, il faut au préalable que l'ovocyte et le spermatozoïde se rencontrent et fusionnent, c'est-à-dire qu'une fécondation ait lieu ; puis que l'œuf ainsi formé se fixe dans l'utérus (c'est ce qu'on appelle la nidation) et se transforme en embryon qui devient un fœtus. Enfin, le fœtus, lorsqu'il peut être autonome après 9 mois de grossesse, doit quitter le corps de la mère : c'est l'accouchement.

Le rapport sexuel est l'acte par lequel l'homme et la femme s'unissent par un accouplement qui permet la fécondation.

Le rapport sexuel sert-il uniquement à la reproduction ?

Non, le rapport sexuel ne sert pas uniquement à la reproduction, et l'homme et la femme ne s'unissent pas seulement pour avoir un enfant. À la notion de reproduction s'ajoute la notion de plaisir. De plus en plus, actuellement, on met l'accent sur la recherche du plaisir de l'autre, sans lequel il ne peut y avoir de profonde satisfaction personnelle.

LE DÉSIR

Qu'est-ce qui attire l'un vers l'autre fille et garçon ?

C'est l'instinct ou pulsion sexuelle qui pousse les partenaires l'un vers l'autre. Depuis Freud, on a l'habitude de considérer que la pulsion sexuelle est faite de la conjonction de deux tendances : l'instinct et l'émotion amoureuse, qui peuvent se mélanger, prédominer l'un sur l'autre, ou même s'opposer.

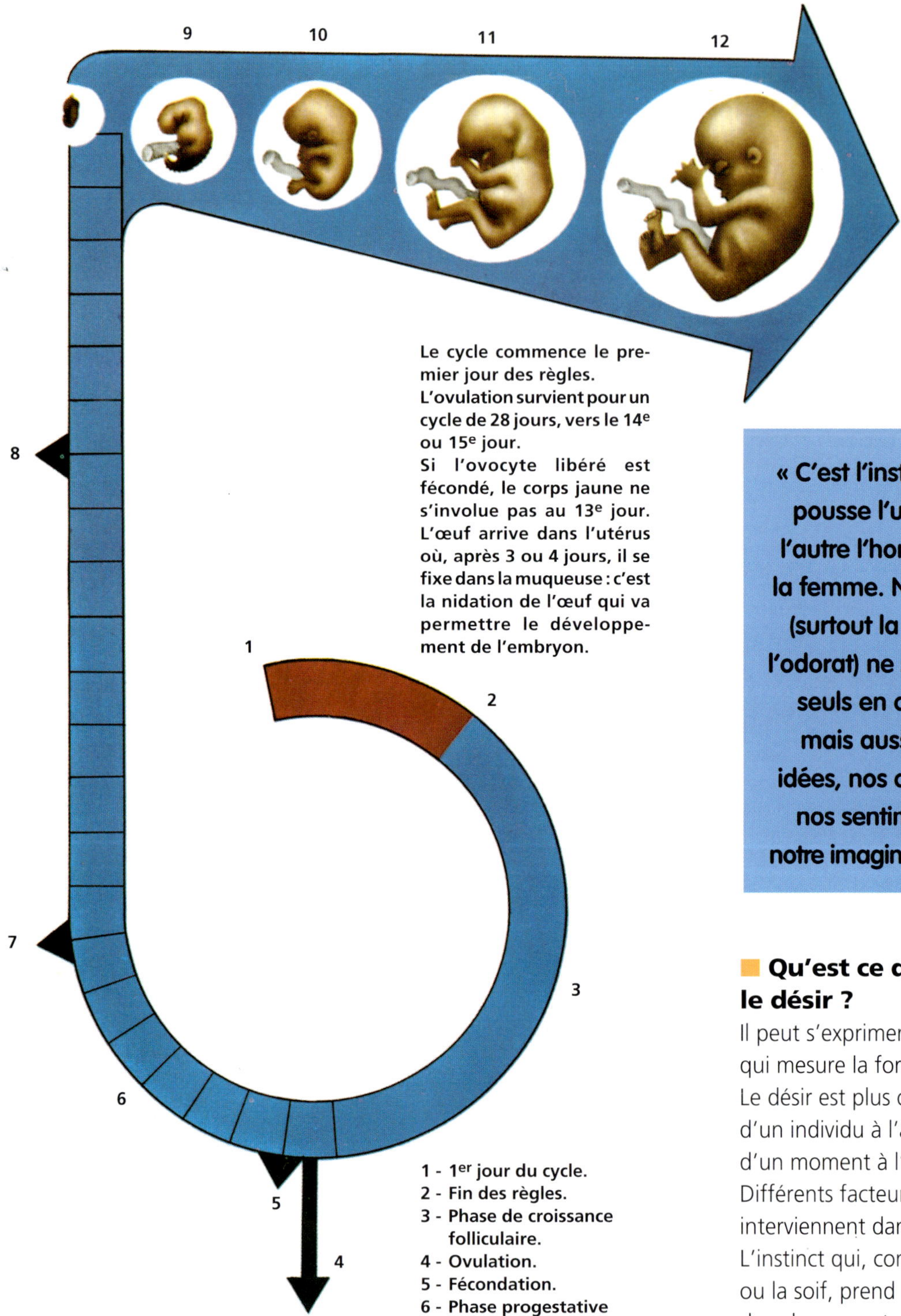

Le cycle commence le premier jour des règles.
L'ovulation survient pour un cycle de 28 jours, vers le 14e ou 15e jour.
Si l'ovocyte libéré est fécondé, le corps jaune ne s'involue pas au 13e jour. L'œuf arrive dans l'utérus où, après 3 ou 4 jours, il se fixe dans la muqueuse : c'est la nidation de l'œuf qui va permettre le développement de l'embryon.

1 - 1er jour du cycle.
2 - Fin des règles.
3 - Phase de croissance folliculaire.
4 - Ovulation.
5 - Fécondation.
6 - Phase progestative avec descente de l'œuf dans la trompe.
7 - Œuf libre dans l'utérus.
8 - Nidation.
9 - Embryon de 4 semaines.
10 - Embryon de 8 semaines.
11 - Embryon de 12 semaines.
12 - Embryon de 16 semaines.

« C'est l'instinct qui pousse l'un vers l'autre l'homme et la femme. Nos sens (surtout la vue et l'odorat) ne sont pas seuls en cause, mais aussi nos idées, nos cultures, nos sentiments, notre imagination... »

Qu'est ce que le désir ?

Il peut s'exprimer par la libido, qui mesure la force du désir. Le désir est plus ou moins fort d'un individu à l'autre, d'un moment à l'autre. Différents facteurs interviennent dans le désir. L'instinct qui, comme la faim ou la soif, prend sa source dans le corps et peut être ou non contrôlé par la volonté, et les sentiments, comparables à la tendresse pour ses parents ou ses amis, qui viennent du cœur.

Quel est le phénomène qui provoque l'érection ?

Sous l'influence du désir, la verge augmente brutalement de volume et se redresse. Ces modifications sont dues à un afflux de sang dans le pénis, comme nous l'avons dit plus haut.

L'envie chez l'homme se manifeste de façon très visible ; et chez la femme ?

Si le désir se traduit chez l'homme par un phénomène bien apparent, l'érection, il provoque également chez la femme des manifestations qui, bien que moins évidentes, n'en sont pas moins importantes.
Sous l'influence du désir, un afflux sanguin se produit au niveau du vagin ; sur les parois vaginales, de fines gouttelettes se forment, qui sont composées d'un liquide lubrifiant destiné à faciliter le rapprochement sexuel.
Le vagin se modifie. La partie supérieure s'ovalise alors que le tiers inférieur se rétrécit pour mieux enserrer la verge lors de la pénétration.

LE RAPPORT SEXUEL

Quelle est la différence entre rapport externe et rapport interne ?

Il ne peut y avoir de relation sexuelle sans introduction du pénis dans le vagin, c'est-à-dire qu'il n'est de vrai rapport qu'« interne ».
On donne le nom de rapport externe à une relation où, pour éviter une défloration et une fécondation, il n'y a pas de pénétration, la verge restant au contact de la vulve sans franchir l'hymen.
Mais cette relation externe peut quand même entraîner une grossesse si un peu de sperme franchit l'hymen.

Combien de temps doit durer le rapport ?

Le rapport se déroule en quatre phases qui ont, chacune, une durée variable. La phase d'excitation ou de désir, que nous venons de voir, est extrêmement variable dans sa durée. C'est une phase préliminaire par laquelle l'homme et la femme se préparent au rapport sexuel. Puis vient une phase « en plateau », qui va de la pénétration de la verge à l'orgasme, et peut être mesurée avec exactitude.

CI-DESSOUS :

Sous l'influence du désir sexuel, la verge se gonfle, augmente de volume et change de direction : au lieu de pendre vers le bas, elle se relève et pointe vers le haut.

1 - État de flaccidité.
2 - Verge en érection.
3 - Urètre.
4 - Prostate.
5 - Vésicule séminale.
6 - Testicule.

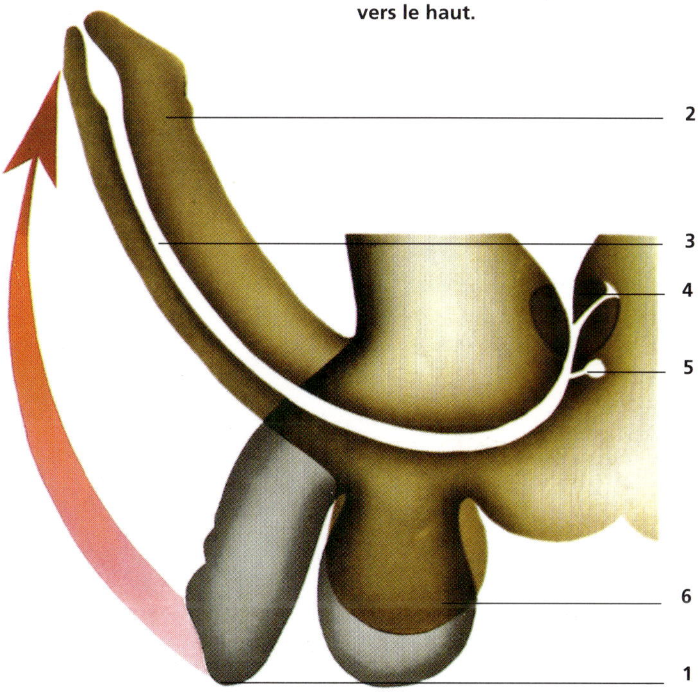

L'orgasme, ou phase de jouissance, est de durée brève ; il est suivi d'une phase de détente avec retour à l'état normal.
Kinsey évalue à moins de deux minutes la durée moyenne de la phase en plateau.
Elle peut être réduite à néant en cas d'éjaculation précoce, ou durer plusieurs heures.
L'important n'est pas la durée de l'acte mais sa réussite, c'est-à-dire la satisfaction des deux partenaires.

« Le clitoris joue, avec tout le tiers supérieur de la vulve, un rôle essentiel dans le plaisir sexuel de la femme. Très sensible, il doit être caressé avec douceur. »

Lorsqu'un garçon est arrivé au stade du rapport sexuel externe, et que la jeune fille ne veut pas aller plus loin, est-ce que cela provoque des troubles psychiques et nerveux ?

Une relation de ce type, sans entraîner des troubles psychologiques bien profonds, amène un état de tension dû à l'insatisfaction des deux partenaires. Ce mode de relation reste souvent transitoire. Cependant, l'échange des caresses, même sans pénétration, porte en soi sa propre signification.

LE PLAISIR SEXUEL

À quoi sert le clitoris ?

C'est un petit organe érectile équivalent au pénis chez l'homme. Il est situé à la réunion des petites lèvres, en avant. Il joue un rôle considérable dans la sexualité de la femme. À la période d'excitation, il augmente de volume, mais pointe vers le bas, à l'inverse du pénis. Il est recouvert par un repli muqueux, la hampe clitoridienne, derrière lequel il se rétracte au cours du rapport sexuel.

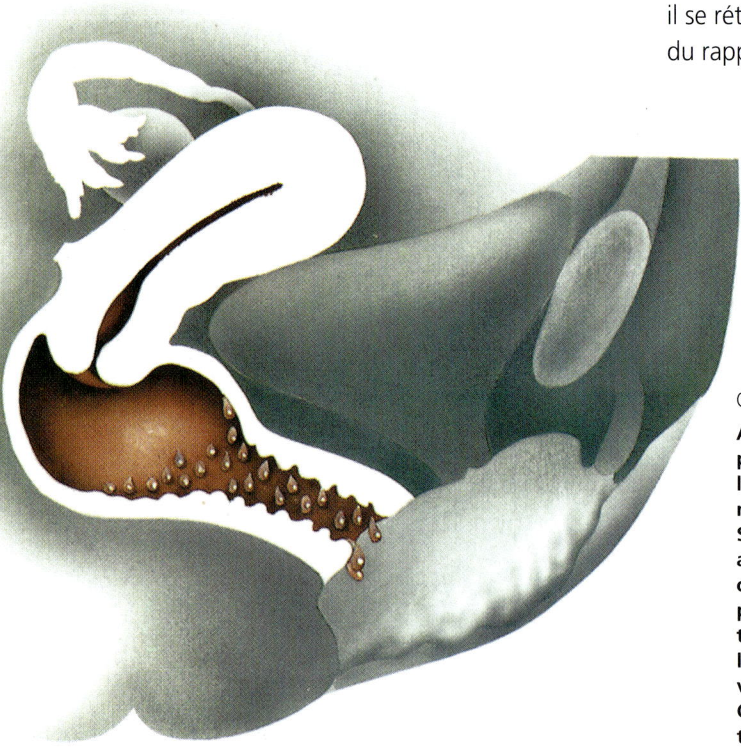

CI-CONTRE :
**Au cours de la première phase du rapport sexuel, l'appareil génital féminin se modifie.
Si le phénomène est moins apparent chez la femme que chez l'homme, il n'en n'est pas moins important, et se traduit par l'apparition du liquide de lubrification qui va faciliter le rapport.
Ce liquide est sécrété par le tiers supérieur du vagin.**

Quels sont les endroits du plaisir en dehors des zones clitoridienne, vaginale et anale ?

Les zones érogènes sont multiples : disséminées chez la femme, elles sont rassemblées chez l'homme, autour de la zone génitale.
Chez la femme, il faut avant tout citer les seins, la bouche, le lobe de l'oreille, la nuque, la gorge, la face interne des cuisses. Ainsi, toute partie du corps richement innervée peut devenir une zone érogène.

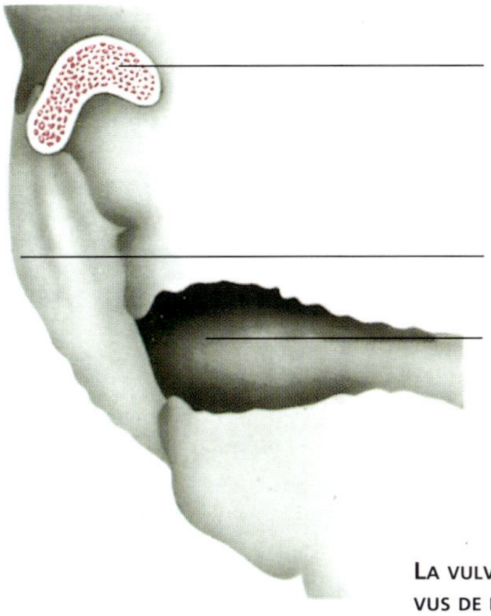

La vulve et le clitoris vus de profil
1 - Clitoris.
2 - Grande lèvre.
3 - Vagin.

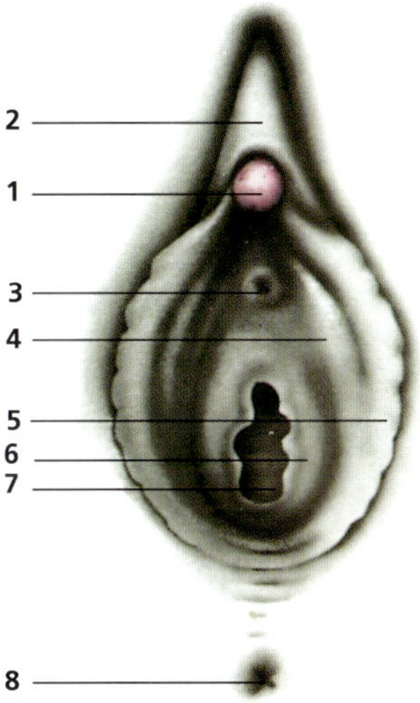

La vulve et le clitoris vus de face
1 - Clitoris.
2 - Capuchon.
3 - Méat urinaire.
4 - Petite lèvre.
5 - Grande lèvre.
6 - Hymen.
7 - Vagin.
8 - Anus.

Qu'est-ce qu'une femme clitoridienne ou vaginale ?

On a longtemps cru qu'il pouvait exister deux plaisirs sexuels chez la femme : l'un superficiel, clitoridien, moins satisfaisant que le plaisir vaginal, interne, profond et mystérieux, seul vrai plaisir sexuel. Cette conception, longtemps admise, doit être aujourd'hui abandonnée. Des savants américains ont montré que les deux tiers supérieurs du vagin et le col de l'utérus ne jouent qu'un faible rôle dans le plaisir sexuel. Il n'y a qu'un seul plaisir sexuel féminin. Il se traduit toujours pas la même réponse physiologique :
la contraction de la plate-forme orgasmique. On donne ce nom au tiers inférieur du vagin qui, par ses contractions rythmiques, rétrécit le canal qui enserre le pénis.

« La distinction entre orgasme vaginal et orgasme clitoridien ne doit pas persister. Comme chez l'homme, il n'existe chez la femme qu'un orgasme : le point culminant du plaisir sexuel. »

Comment se fait-il que, durant l'orgasme, certaines filles aient des réactions plus ou moins violentes ?

L'intensité des réactions orgasmiques diffère d'une femme à l'autre, et les manifestations du plaisir sont également variables. On ne saurait non plus négliger le rôle du partenaire dans le plaisir de la femme.

Est-il vrai que la femme ressent plus de plaisir dans ce qui précède l'acte que dans l'acte lui-même ?

Cela est possible.
Les préludes sexuels peuvent être une source de plaisir supérieur au plaisir de l'acte lui-même, surtout au début des rapports, car ceux-ci entraînent souvent un sentiment de culpabilité.
La peur de la grossesse peut également créer une inhibition fâcheuse.
Les différentes enquêtes qui ont été faites sur la sexualité féminine ont toujours montré que l'orgasme féminin était plus difficile à obtenir que celui de l'homme, comme s'il fallait à la femme surmonter bien des inhibitions avant de parvenir au plein épanouissement de la sexualité.

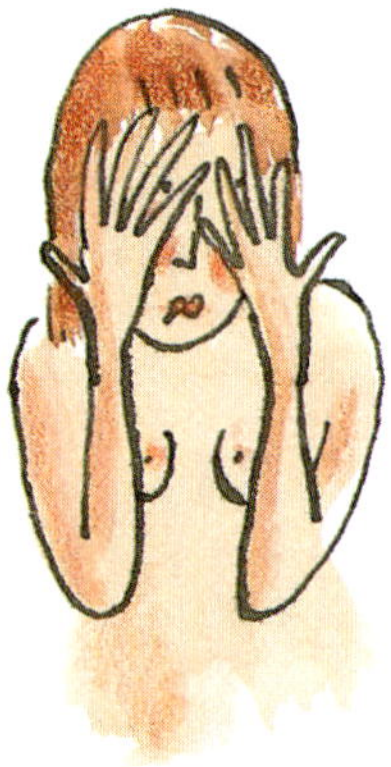

La femme a-t-elle toujours le même plaisir sexuel ?

Sur le plan physiologique, le plaisir sexuel se traduit toujours par la même réaction biologique, mais il est bien évident que ce plaisir peut être, selon les circonstances, d'intensité variable.

Et l'orgasme de l'homme ?

L'orgasme de l'homme est contemporain de l'éjaculation bien qu'exceptionnellement, il puisse exister des orgasmes sans éjaculation et des éjaculations sans orgasme. Au sommet de l'excitation, il se produit une série de contractions rythmiques des vésicules séminales, qui chassent le liquide dans l'urètre. Ces contractions se propagent et aboutissent à l'éjaculation. Ainsi, chez l'homme, chaque rapport peut être fécondant car il libère des spermatozoïdes dans les voies génitales féminines, alors que la femme ne peut être fécondée que pendant une courte période. Après l'orgasme, il existe chez l'homme une période réfractaire, où toute simulation sexuelle est inefficace. Cette période n'existe pas chez la femme, qui est capable d'avoir plusieurs orgasmes successifs.

Comment s'écoule le liquide de l'homme, en une ou plusieurs fois ?

Le liquide s'écoule par saccades, au rythme des contractions (elles sont espacées d'une seconde environ).

Est-ce que la première éjaculation est fécondante ?

Dès la première éjaculation, une grossesse peut survenir, même si les spermatozoïdes ne développent leur pouvoir fécondant qu'au bout de quelques mois. Il y aurait alors chez l'homme le même phénomène que chez la jeune fille, dont les toutes premières règles ne sont pas habituellement accompagnées d'ovulation. Ces phénomènes n'étant pas constants, on ne doit en aucune manière s'y fier.

S'ENTENDRE PHYSIQUEMENT

Qu'est-ce que la frigidité ? Peut-on ne pas s'entendre physiquement ?

On tend aujourd'hui à parler moins de frigidité que de difficultés sexuelles concernant tantôt le désir tantôt l'obtention de l'orgasme.

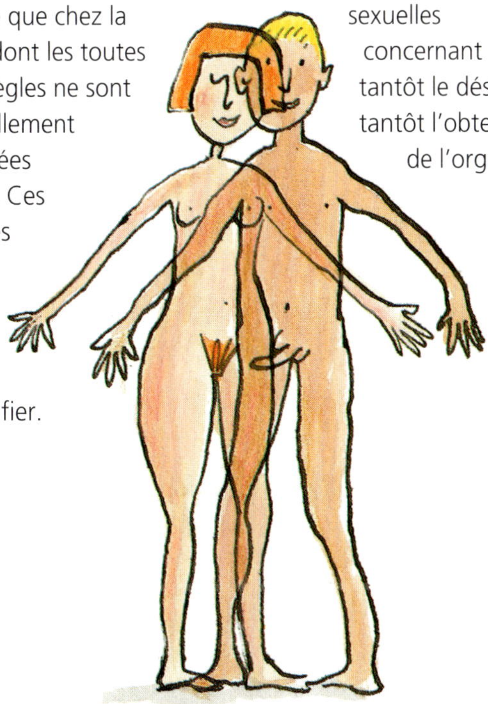

Étymologiquement, le terme frigidité devrait être réservé aux troubles du désir tant chez l'homme que chez la femme. Le rapport sexuel est une relation à deux, d'où l'importance d'étudier les différents facteurs qui peuvent inhiber la relation sexuelle et empêcher la femme de parvenir à l'orgasme. Depuis des siècles, la sexualité évolue dans le monde du péché. L'acte sexuel est considéré comme sale, honteux, coupable. Toute notre civilisation a tenté de le cacher au lieu d'en exalter la beauté. Aussi n'est-il pas étonnant qu'un sentiment

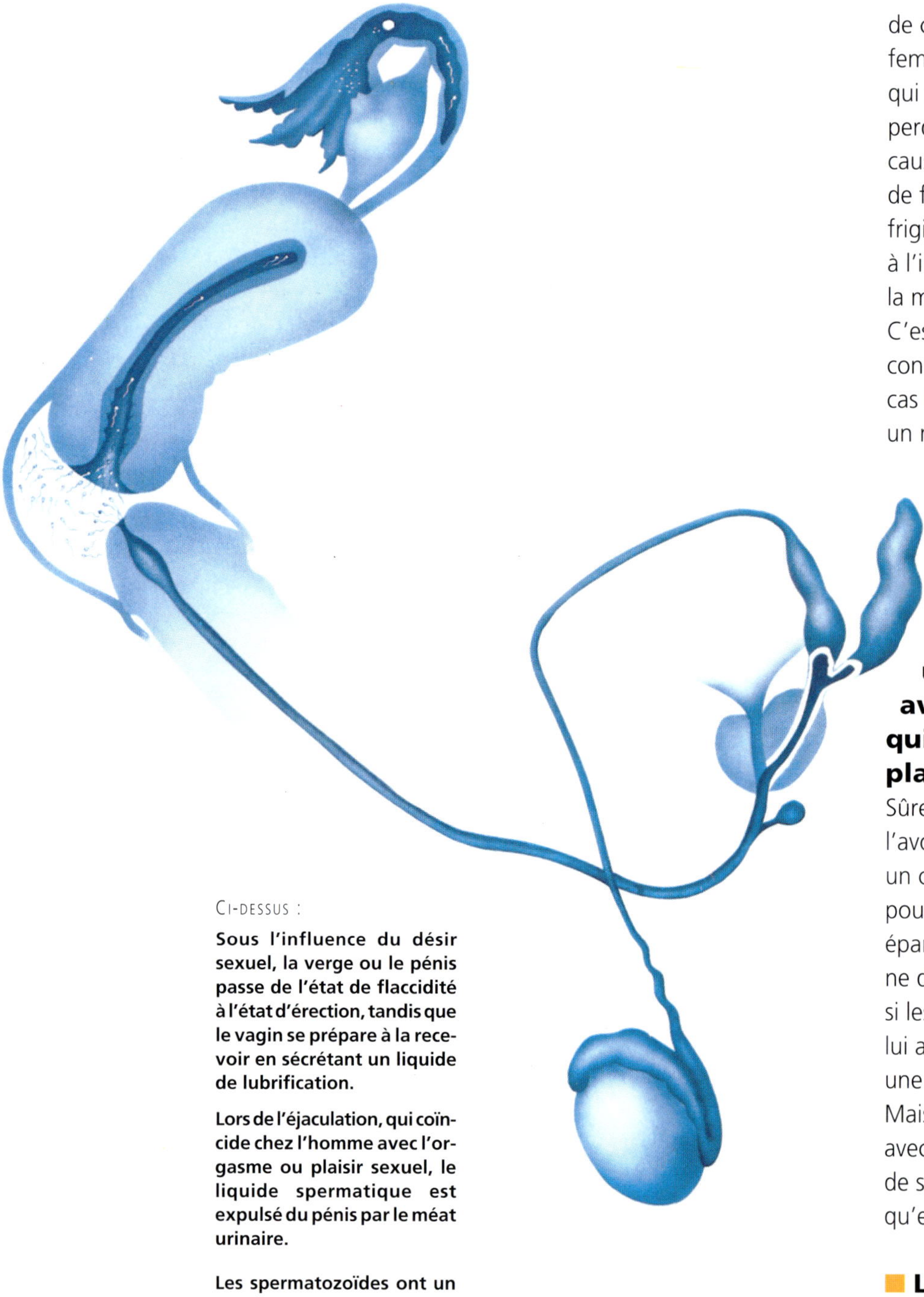

CI-DESSUS :

Sous l'influence du désir sexuel, la verge ou le pénis passe de l'état de flaccidité à l'état d'érection, tandis que le vagin se prépare à la recevoir en sécrétant un liquide de lubrification.

Lors de l'éjaculation, qui coïncide chez l'homme avec l'orgasme ou plaisir sexuel, le liquide spermatique est expulsé du pénis par le méat urinaire.

Les spermatozoïdes ont un long chemin à parcourir avant de sortir des voies génitales masculines. Formés dans les testicules, ils doivent successivement parcourir l'épididyme, qui coiffe le testicule, le canal déférent, les vésicules séminales, où ils sont stockés avant d'être expulsés par l'urètre.

de culpabilité entraîne chez la femme des inhibitions, qui sont, avec la peur de perdre le contrôle, une des causes les plus fréquentes de frigidité. Enfin, bien des frigidités féminines sont liées à l'insuffisance ou à la maladresse du partenaire. C'est pourquoi il faut considérer séparément chaque cas lorsqu'un couple consulte un médecin, et non seulement celui qui se plaint d'insuffisance sexuelle.

Est-ce qu'une jeune fille qui a une expérience avec un garçon et qui n'éprouve pas de plaisir, est anormale ?

Sûrement pas. Comme nous l'avons vu, il faut en général un certain temps à la femme pour parvenir à son propre épanouissement sexuel. Aussi ne doit-elle pas s'étonner si les relations sexuelles ne lui apportent pas d'emblée une complète satisfaction. Mais il faut qu'elle recherche avec son partenaire les raisons de son insatisfaction, puis qu'elle essaie d'y remédier.

Les rapports peuvent-ils être douloureux ?

En général non, mais la défloration peut l'être. Elle le sera d'autant moins que la fille aura moins d'appréhension et ne se contractera pas.

« L'entente physique joue un rôle important dans la réussite d'un couple. Le rapport sexuel est une relation que l'on doit construire à deux. »

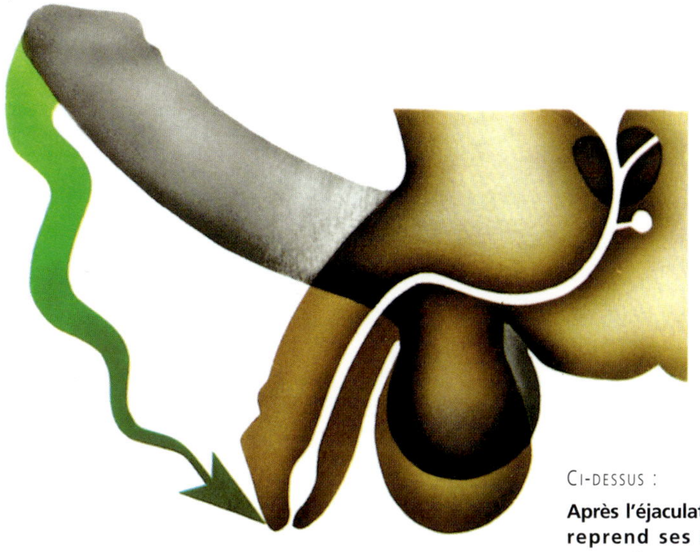

CI-DESSUS :

Après l'éjaculation, la verge reprend ses dimensions normales. Ce retour à l'état de flaccidité se fait en deux temps : le premier rapide, le second plus lent.

Une bonne préparation au rapport par des caresses ainsi que par une prudente dilatation au doigt permet d'obtenir une lubrification satisfaisante qui rend l'introduction du pénis indolore. L'utilisation de plus en plus fréquente des tampons permet à une jeune fille d'avoir une meilleure connaissance de son corps ce qui contribue à diminuer ses craintes.

Qu'est-ce que l'impuissance ?

C'est l'impossibilité de parvenir à l'érection. Cette impossibilité peut être liée à une insuffisance du désir, ou, parfois, à l'inverse, à un trop grand désir. Dans ce cas, elle est transitoire. Il faut rapprocher de l'impuissance l'impossibilité de maintenir l'érection, qui aboutit à l'éjaculation précoce.

Pourquoi lors d'un rapport, est-on pris quelquefois d'inhibition ?

Une trop grande émotion amoureuse peut paralyser un jeune garçon. Mais il ne faut pas parler d'impuissance dans ce cas, car ce phénomène est toujours transitoire.

Qu'est-ce que le vaginisme ?

C'est une contraction involontaire des muscles qui enserrent le vagin, contraction qui a pour conséquence d'empêcher la pénétration du pénis. Elle est liée à la peur du rapport sexuel.

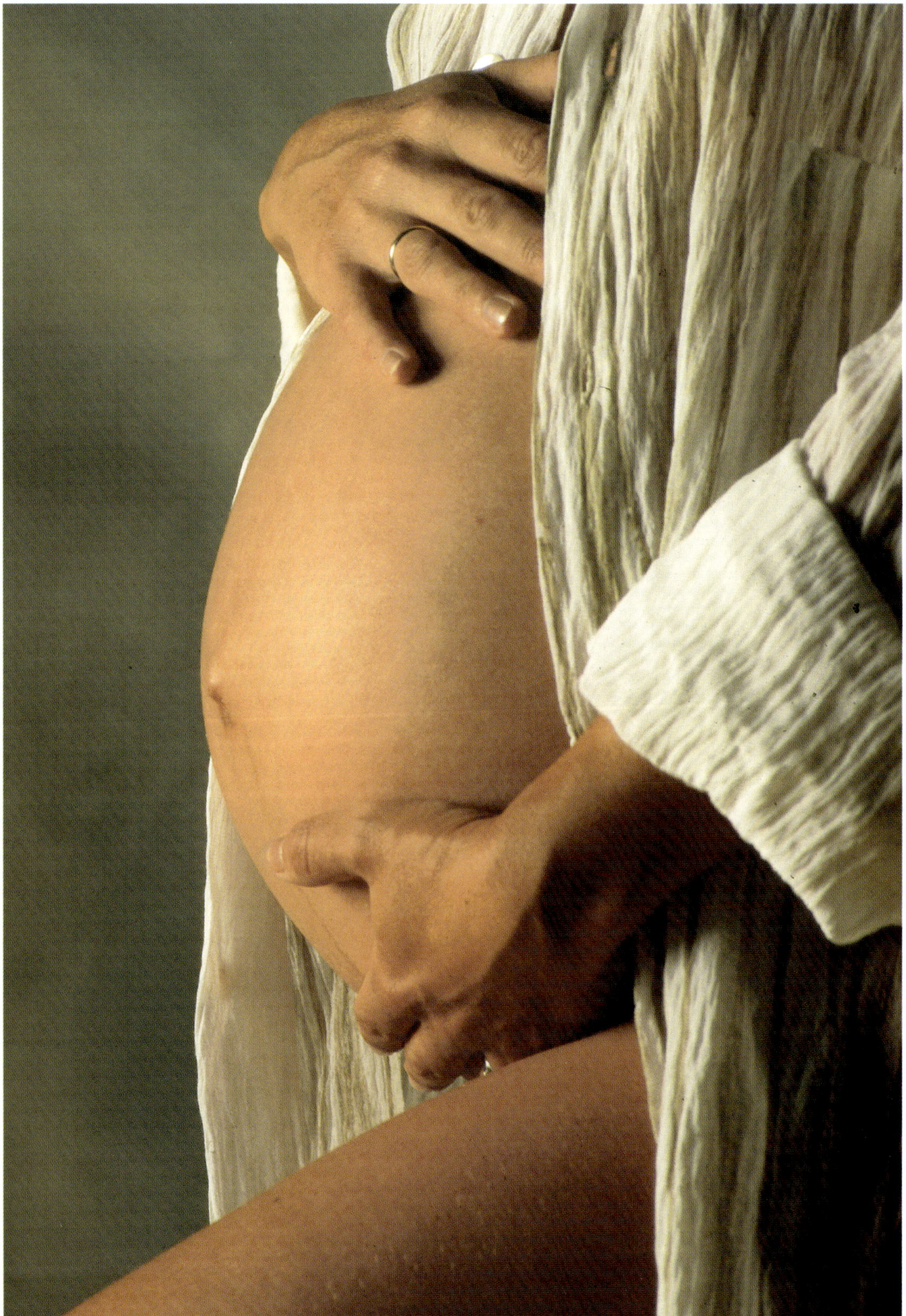

LA GROSSESSE ET L'ACCOUCHEMENT

LA FÉCONDATION

Qu'est-ce qu'une grossesse ? Qu'est-ce qu'une femme enceinte ?

Depuis que la Terre existe, elle est partagée en objets inanimés et en espèces vivantes. Les montagnes subissent des érosions, mais elles demeurent presque identiques pendant des millénaires. Les êtres vivants, au contraire, naissent puis disparaissent : entre leur naissance et leur mort, ils ont transmis la vie. C'est la reproduction.
Ce phénomène n'est pas identique pour toutes les espèces. Parfois, c'est un morceau d'un individu qui se détache du « parent » pour former un individu « enfant » : c'est par exemple le cas des infusoires que l'on peut observer dans les mares stagnantes.
Chez les espèces animales plus évoluées, pour créer un nouvel individu, il faut que se réunissent deux cellules différentes préparées (comme des grains) par l'organisme des parents : c'est la reproduction sexuée, car les parents sont de sexes distincts. Lorsque les deux cellules distinctes (ou gamètes) se sont unies, elles permettent le développement d'un œuf ou embryon, qui au terme d'une période de croissance et de maturation, sera capable de vivre tout seul.
Cette période varie suivant les espèces et dure de quelques jours à quelques mois. Chez certaines espèces, l'œuf est déposé hors du lieu de fécondation dans un nid, ou dans une rivière ou sous la terre, et il mûrit seul. Chez d'autres êtres vivants, l'œuf se développe dans le ventre de la mère pendant quelques mois, jusqu'à ce qu'il puisse vivre tout seul. C'est le cas de l'espèce humaine.
Le petit homme se développe à l'intérieur de l'utérus de sa mère pendant une période

> **« Les êtres vivants, au cours de leur existence, produisent d'autres êtres vivants semblables à eux-mêmes : c'est la loi de la reproduction. »**

de neuf mois jusqu'à sa venue au monde. Cette période est celle de la grossesse. Une femme enceinte est une femme qui porte un bébé jusqu'à son accouchement.

Comment se produit la fécondation de l'ovocyte par le spermatozoïde ?

Pour qu'il y ait fécondation, c'est-à-dire formation d'un œuf qui se transforme en un embryon, il est nécessaire qu'un spermatozoïde pénètre un ovocyte. L'ovocyte a été libéré par l'ovaire de la future mère au moment de l'ovulation. C'est une cellule unique et visible seulement à la loupe. À proximité du lieu de l'ovulation se trouve l'extrémité de la trompe : cette extrémité est évasée comme un entonnoir et recueille l'ovocyte. L'ovocyte n'a aucune mobilité, mais il est entraîné par un petit courant de liquide à l'intérieur de la trompe. C'est là que se produit la rencontre avec les spermatozoïdes. Les spermatozoïdes déposés devant le col de l'utérus au moment du rapport sexuel sont beaucoup plus petits que l'ovocyte et surtout plus nombreux. Il y en a des millions qui vont cheminer dans les sécrétions du col de l'utérus, puis de la cavité de l'utérus pour parvenir au bout de quelques heures à l'intérieur de la trompe. C'est alors que la fécondation peut se produire. Ce phénomène a pu être observé et filmé sur des animaux de laboratoire, et il se produit de la même façon dans l'espèce humaine : plusieurs dizaines de spermatozoïdes arrivent au contact de l'ovocyte, mais un seul d'entre eux parvient à traverser sa membrane pour pénétrer à l'intérieur. Aussitôt, des réactions se produisent à la surface de l'ovocyte : elles épaississent la membrane et rendent impossible la pénétration d'autres spermatozoïdes. On ne connaît pas encore les raisons qui entraînent le succès de tel spermatozoïde plutôt que de tel autre qui paraît pourtant identique (c'est peut-être le hasard, tout simplement). Dès que la fécondation a eu lieu, les chromosomes apportés par l'ovocyte et ceux fournis par le spermatozoïde se réunissent, et l'œuf ainsi constitué va pouvoir se développer : il se divise en 2 cellules identiques, puis en 4, en 8, en 16, etc.

« Il faut environ 100 000 spermatozoïdes autour de l'ovocyte pour qu'il y ait une chance raisonnable de fécondation. »

Combien doit-il y avoir de spermatozoïdes pour que la fécondation soit possible ?

Théoriquement, un seul spermatozoïde est nécessaire. Mais en réalité, une fois le sperme éjaculé dans le vagin, de très nombreux spermatozoïdes meurent soit dans le vagin, soit dans le col, soit dans l'utérus, ou encore dans les trompes.
On considère donc qu'au moins 10 millions de spermatozoïdes par millilitre de sperme sont nécessaires pour qu'il y ait une réelle probabilité de grossesse spontanée. Toutefois, depuis quelques années, on est parvenu par la fécondation in vitro à féconder un ovocyte avec un seul spermatozoïde. Ainsi, des milliers de bébés qui ne seraient pas venus au monde, car le sperme de leur père était trop faible, sont nés grâce à cette technique que l'on appelle l'ICSI *(voir la question suivante)*.

Qu'est-ce qu'une fécondation in vitro ?

Lorsqu'un couple ne peut avoir d'enfants, on parle de stérilité. Le médecin consulté peut selon les cas prescrire des médicaments ou proposer des opérations qui rétablissent le parcours des spermatozoïdes ou des ovocytes. Parfois, la solution unique consiste à ponctionner un ovocyte sur l'ovaire, et à le mettre en présence des spermatozoïdes du père dans une éprouvette. La fécondation se passe alors dans le tube du laboratoire. Deux jours plus tard, on replace l'œuf fécondé dans l'utérus au moyen d'une petite canule fine introduite par le col, c'est la fécondation in vitro. Parfois même, quand le papa n'a pas assez de spermatozoïdes, on peut injecter un seul spermatozoïde dans l'ovocyte au moyen

CI-DESSOUS :

Ce dessin illustre le trajet de l'ovocyte depuis l'ovaire où il est pondu, jusqu'à l'utérus où il s'implante. Chaque mois, une minuscule cellule, l'ovocyte, est émise à la surface de l'ovaire puis est aspirée par un courant de liquide dans la trompe. C'est à l'intérieur de la trompe que se produit la rencontre de l'ovocyte et du spermatozoïde (lorsqu'il y a eu rapport sexuel un ou deux jours auparavant). L'œuf est alors fécondé. Il poursuit sa progression vers l'utérus, tout en se divisant en 2, 4, 8, 16 cellules, etc.
6 jours après la fécondation, l'œuf se niche dans l'endomètre qui tapisse l'intérieur de l'utérus.

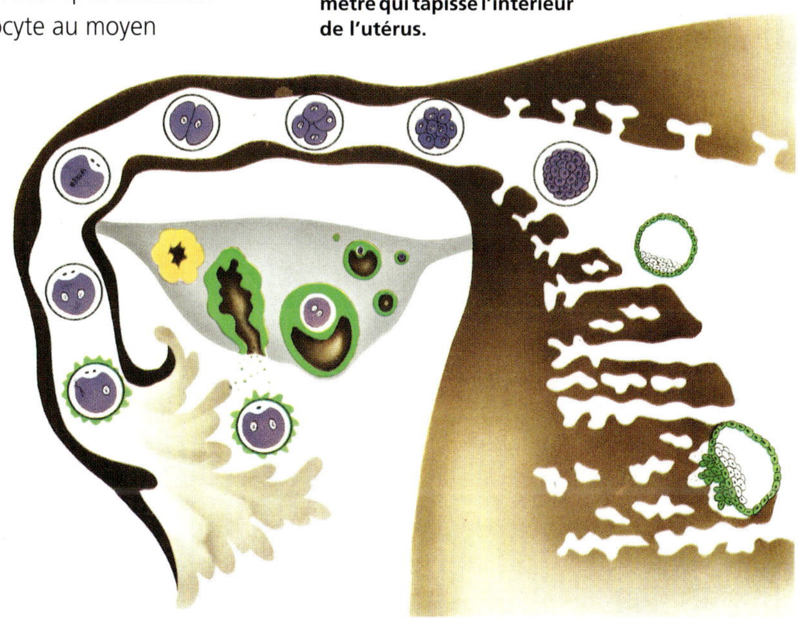

d'une très fine pipette : c'est ce que l'on appelle l'ICSI (de l'anglais *intra cytoplasme sperm injection*). La période « in vitro » ne dure que 2 jours. Le reste des 9 mois de la grossesse se déroule comme pour une grossesse spontanée et les bébés nés sont tout à fait normaux.

Parfois, si on replace plus d'un œuf fécondé, on peut voir survenir une grossesse double (jumeaux) ou triple (triplets). Ceci n'a rien à voir avec le clonage qui est interdit chez l'humain, mais qui a été pratiqué sur certains animaux : il consiste à introduire le noyau et les chromosomes d'un individu complet dans un ovocyte qui se développera ensuite dans l'utérus comme un fœtus normal. Le petit obtenu sera absolument identique à l'individu chez qui on a prélevé les cellules de départ.

« L'œuf humain reste dans l'utérus durant toute la grossesse, protégé à l'intérieur de son sac : tous les échanges d'oxygène et d'aliments ont lieu au travers du placenta. »

LE DÉVELOPPEMENT D'UN ŒUF

Comment l'œuf s'implante-t-il dans l'utérus ?

Pendant la semaine qui succède à la fécondation, l'œuf vit sur ses réserves. Mais il lui faut désormais recevoir les aliments et l'énergie nécessaires à ses transformations : c'est le même œuf qui, aujourd'hui, mesure quelques dixièmes de millimètre et qui, dans 9 mois, à sa naissance, mesurera 50 centimètres et pèsera près de 4 kilos ! Pour que le développement soit possible pendant toute la grossesse, l'œuf doit donc se nicher dans l'utérus et tirer sa substance et son énergie du sang maternel. Au moment où il va s'implanter, il est formé de plusieurs centaines de cellules qui, apparemment, sont toutes identiques. Mais, ainsi qu'avec une même qualité de ciment, les maçons fabriquent des murs, des escaliers, ou des cheminées qui appartiennent au même immeuble mais n'ont pas la même fonction, les cellules de l'œuf se divisent en trois groupes qui se développent différemment :

- **un premier groupe** de cellules s'isole à un pôle de l'œuf : il aura pour mission de « digérer » quelques cellules de l'endomètre (muqueuse qui tapisse l'utérus), puis de s'enfoncer à l'intérieur pour que l'œuf puisse se nicher. Ces cellules constituent le « trophoblaste » ;
- **un second groupe** de cellules se concentre au pôle opposé : ce sont ces cellules qui, en s'isolant, formeront dans quelques jours l'embryon lui-même. L'embryon restera relié au trophoblaste par quelques cellules qui constitueront le cordon ;
- **le dernier groupe** de cellules formera les enveloppes de l'œuf, ses « membranes », qui le protégeront des microbes, et enfermeront l'embryon pendant 9 mois pour qu'il puisse se développer à l'aise.

Le premier groupe de cellules, constituant le trophoblaste, pousse des ramifications microscopiques dans l'endomètre (c'est-à-dire, nous l'avons vu, dans la muqueuse qui tapisse l'intérieur

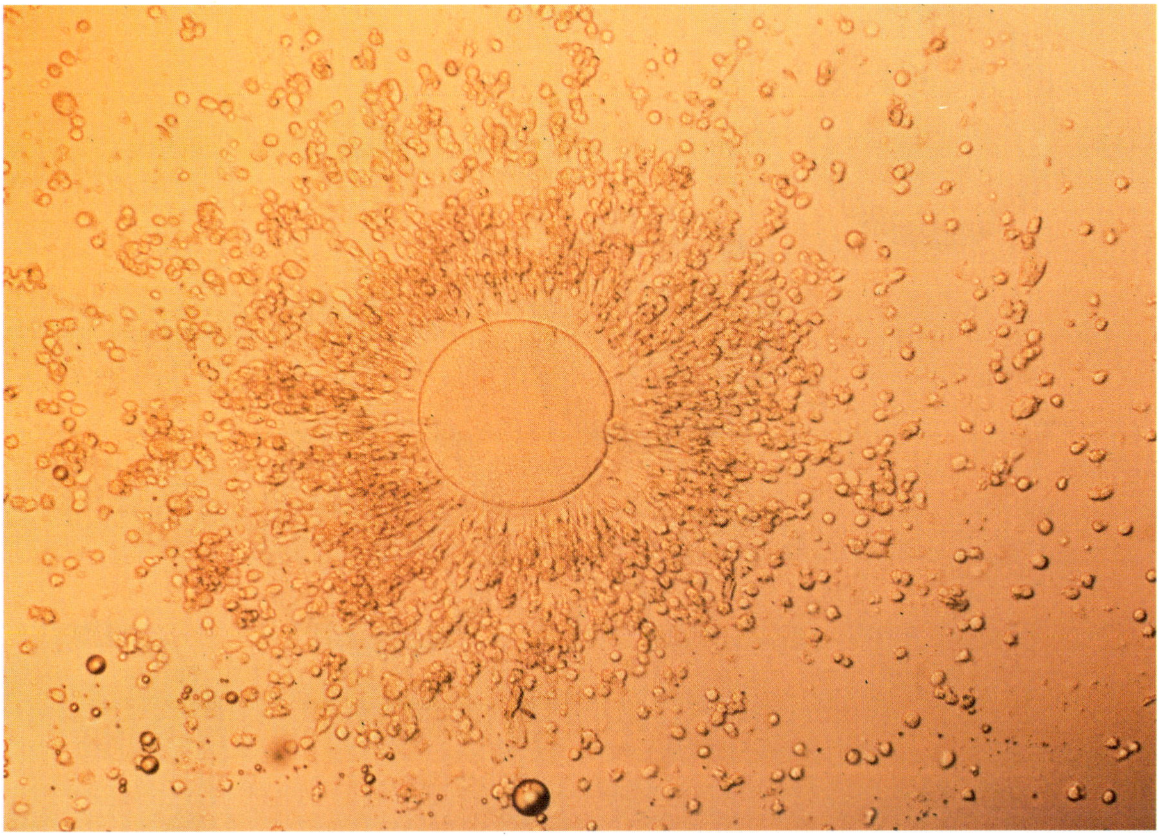

CI-DESSUS :

On voit sur cette photo prise au microscope, un ovocyte très grossi avec son noyau et, tout autour, perpendiculaires à sa surface, de nombreux spermatozoïdes. Ils s'efforcent tous de franchir la membrane qui limite l'ovocyte. Un seul y parviendra et perdra à ce moment son flagelle.

de ce muscle qu'est l'utérus) et va établir une communication avec les petits vaisseaux de l'utérus qui apportent le sang maternel.
En se développant, il prend le nom de placenta : c'est lui qui permet la nutrition de l'embryon.

Comment se développe l'œuf humain pendant les premiers jours ?

L'œuf qui vient d'être fécondé a donc la taille d'une minuscule tête d'épingle.
Il se trouve dans la partie externe de l'ampoule, c'est-à-dire la partie la plus haute, la plus proche du pavillon. Pendant 6 jours, l'œuf, qui vit sur ses réserves sans échange direct avec les tissus de la mère, commence à se développer et voyage jusqu'à l'endroit où il fera son nid à l'intérieur de l'utérus.

• Il vit sur ses réserves : l'ovocyte est de 30 à 40 fois plus gros que le spermatozoïde. Cela s'explique par le fait que le spermatozoïde n'apporte que les chromosomes nécessaires au nouvel individu, alors que l'ovocyte apporte, outre les chromosomes, les réserves qui fournissent l'énergie permettant la multiplication des cellules de l'œuf. Plus tard, lorsque l'œuf se nichera dans l'utérus, c'est le sang de la mère qui apportera les aliments nécessaires. Pour l'heure, l'œuf vit indépendant, sur ses réserves, et se divise.

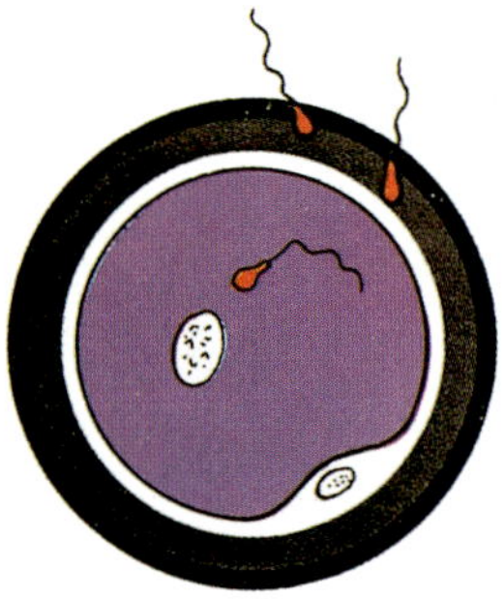

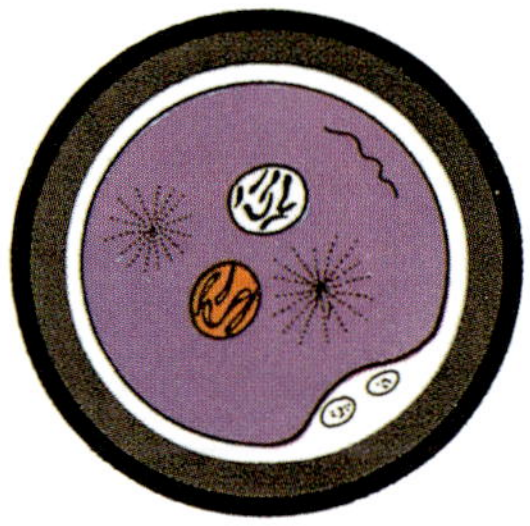

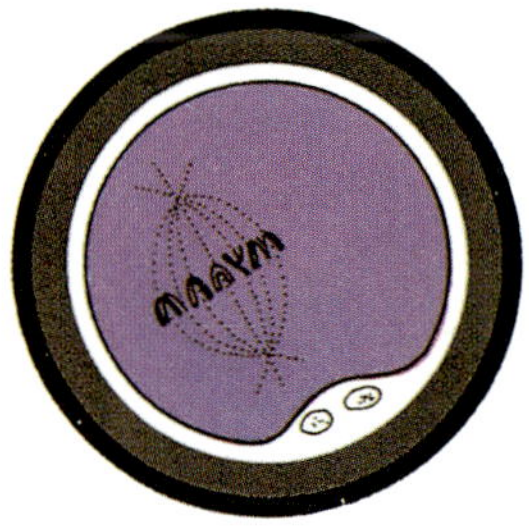

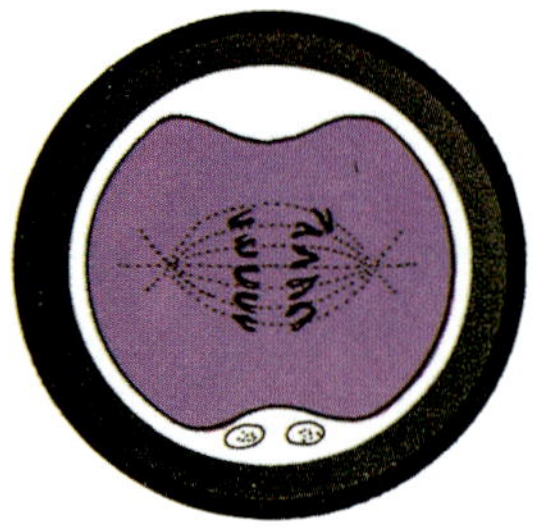

En double-page, de gauche à droite :

La vie commence par la réunion d'un spermatozoïde et d'un ovocyte. Des dizaines de spermatozoïdes entrés en contact avec l'ovocyte, un seul est parvenu à traverser la membrane pour pénétrer à l'intérieur.

• Il se développe :
au moment de la fécondation, une seule cellule s'est formée, réunissant les 23 chromosomes du spermatozoïde et les 23 de l'ovocyte. Par la suite, l'œuf se divise en 2 cellules : chacune d'entre elles possède 46 chromosomes, car la cellule et son noyau se divisent en deux. Les deux cellules se divisent à leur tour : 4 cellules apparaissent, puis 8, puis 16, etc. Cette division se fait sans grande augmentation de volume, car l'œuf doit passer dans un défilé rétréci : l'isthme de la trompe (où il arrive parfois qu'il soit retenu).

• Il voyage :
pendant 3 jours, l'œuf chemine dans la trompe, vers l'utérus. Il y a dans la trompe des cils minuscules qui, en ondulant, entraînent de petites sécrétions liquides. L'œuf est ainsi transporté comme un bouchon sur une rivière. Le 4e jour, il entre dans l'utérus. Il continue son développement et atteint la taille de 3 dixièmes de millimètre. Il est alors fait de plus de 100 cellules, et on lui donne le nom de blastocyste : celui-ci s'accroche définitivement à l'utérus le 6e jour.

Qu'est-ce que le placenta ?

Le placenta est un organe qui permet les échanges entre la mère et le bébé qu'elle porte. Tout organisme vivant a besoin pour son développement de recevoir en quantité suffisante des aliments et de l'oxygène. Il doit également éliminer le gaz carbonique et les déchets qui sont la conséquence de l'élaboration des tissus humains. La chose est vraie pour chacun des organes du corps, comme le foie, le cerveau ou le cœur. Ces organes reçoivent le sang oxygéné par une artère et

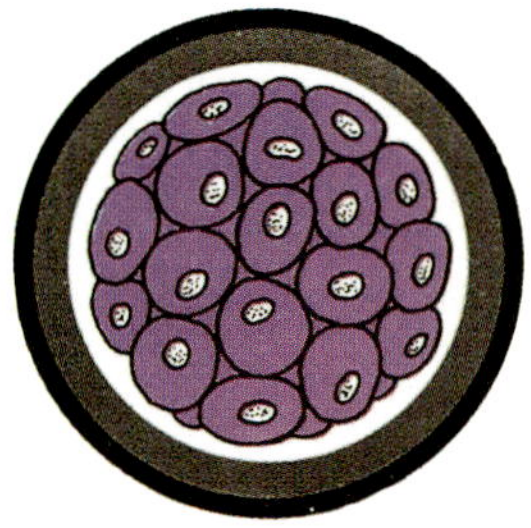
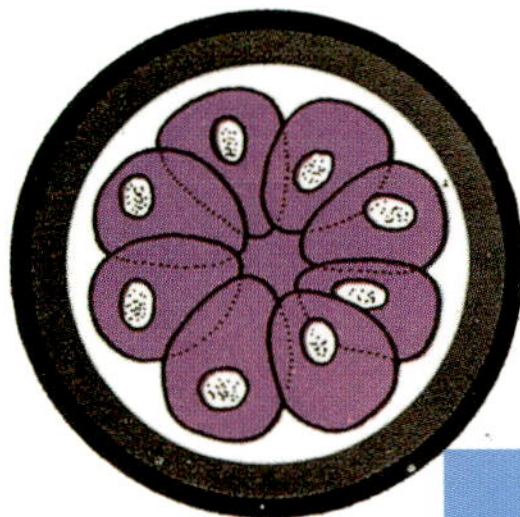
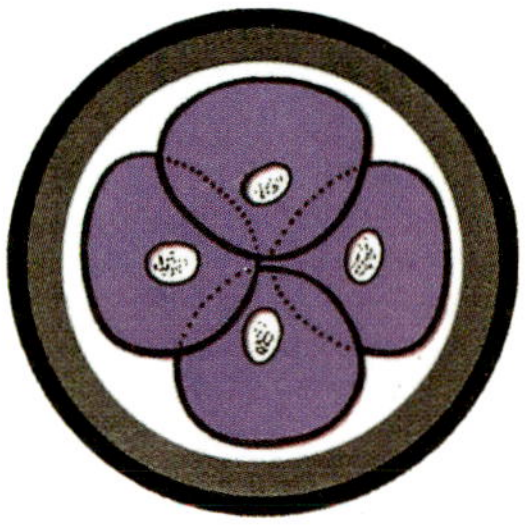
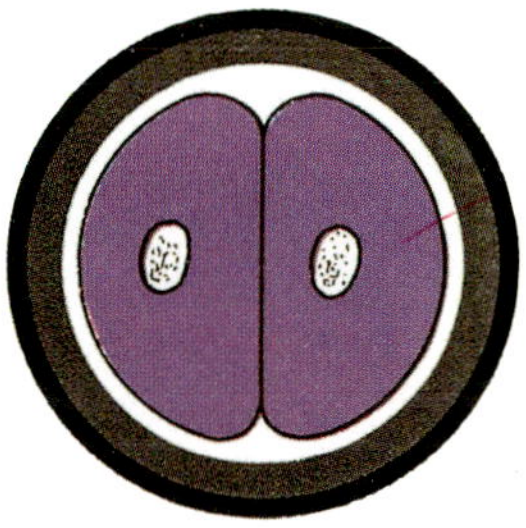

L'œuf qui résulte de cette fusion se divise en deux cellules qui possèdent les mêmes chromosomes, puis en quatre, huit, seize, etc. La dernière des cellules représentée en haut à droite s'appelle morula car elle ressemble à une mûre.

« Après l'accouchement, quand le bébé est né, le placenta reste de 15 à 20 minutes à l'intérieur de l'utérus. Puis il se sépare de l'utérus et est expulsé : c'est la délivrance. »

rejettent le sang chargé de gaz carbonique dans une veine. L'artère vient de la grande artère issue du cœur : l'aorte, qui avec la veine rejoint la veine cave dirigeant le sang vicié vers les poumons. Il en va de même pour le fœtus, mais les artères et les veines qui l'irriguent ne partent pas directement d'un vaisseau sanguin de la mère. Cela n'aurait été possible que si l'embryon s'était détaché des tissus maternels comme un bourgeon au bout d'une branche. Or ce n'est pas le cas : l'œuf humain « est implanté » dans l'utérus. Le sang de la mère arrive par les artères de l'utérus, passe

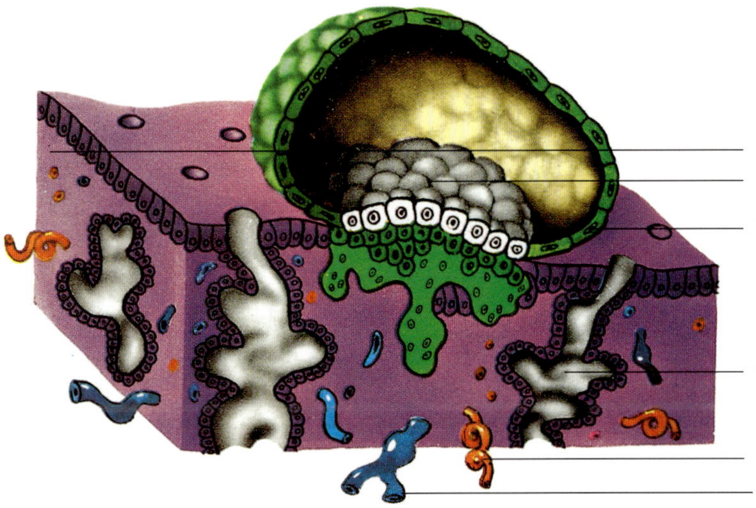

Ci-contre :

Puis la boule que constitue l'œuf se creuse en son centre pour former une sphère creuse. Sur le dessin de droite, on voit les cellules du « pôle Sud » s'accrocher à l'utérus ; celles du « pôle Nord » constitueront l'embryon proprement dit.

1 - Muqueuse utérine.
2 - Ébauche placentaire.
3 - Implantation de l'œuf.
4 - Glandes en dentelle.
5 et 6 - Vaisseaux.

devant les milliers de petites villosités du placenta, et repart dans les veines. Au cours de ce passage, le placenta prélève ce qui lui est nécessaire et rejette les déchets : la membrane du placenta est donc semblable à un filtre. Il y a en quelque sorte juxtaposition de l'enfant et de sa mère. Le placenta est relié au fœtus par le cordon ombilical, dans lequel se trouvent trois vaisseaux (deux artères et une veine) qui aboutissent au nombril du bébé *(voir p. 120)*.

Comment une femme se rend-elle compte qu'elle est enceinte ?

Chaque mois, dans la vie d'une femme, depuis l'âge de 10-15 ans jusqu'à la cinquantaine, un mécanisme hormonal provoque une ovulation. L'ovulation est l'expulsion hors de l'ovaire d'un ovocyte qui pourra être fécondé. En se rapportant à la question concernant les règles, on comprendra que les règles se produisent s'il n'y a pas eu fécondation, et qu'elles manquent dans le cas contraire. Le premier signe d'une grossesse est donc l'absence de règles. La femme, qui attendait ses règles, se rend compte que la date est passée. Elle pressent alors qu'elle est enceinte, mais il faut attendre quelques jours pour s'en assurer. Dans certains cas, en effet, les règles ne surviennent pas tout à fait régulièrement, et un retard de quelques jours ne signifie rien. Dès que l'œuf s'est implanté sur l'utérus, des hormones de l'œuf passent dans la circulation sanguine de la mère et s'éliminent par les urines. Ce sont les hormones chorioniques gonadotropes (HCG). On peut ainsi les retrouver et les doser soit dans le sang, soit dans les urines. Le moyen le plus simple est le « test de grossesse » : en présence d'un réactif, une urine contenant de l'HCG à une quantité donnée formera une réaction positive, visible sous forme d'un anneau coloré ou d'un signe + ou –. Mais il y a des erreurs dues, par exemple, au fait que les urines ne contiennent pas assez d'HCG pour entraîner une réaction positive, alors que la femme est enceinte quand même. Le meilleur test est le dosage quantitatif de l'HCG dans le sang effectué par un laboratoire d'analyses. En même temps que le retard de règles, on note en général

« Toute maladie ignorée de la future maman pourrait s'aggraver au cours de la grossesse et s'en ressentir sur la santé du bébé. C'est ce que le médecin cherche à éviter. »

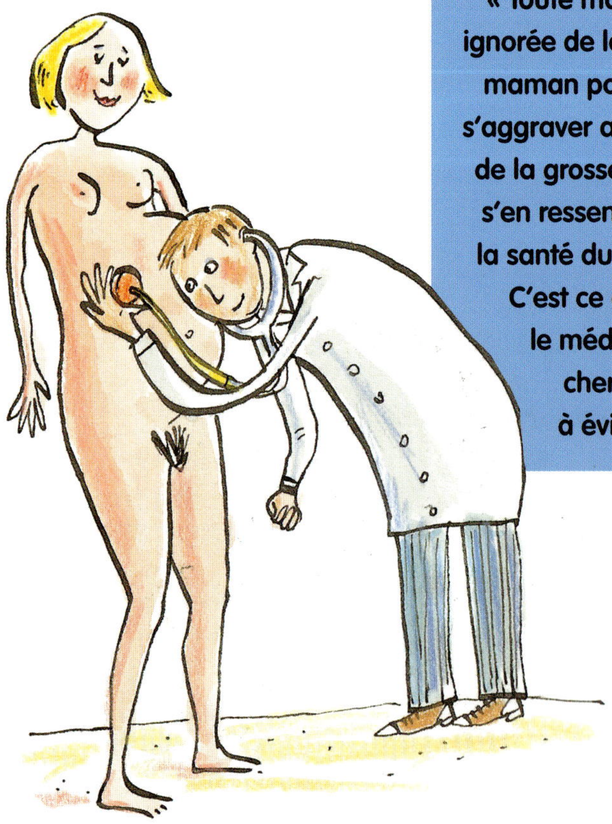

un ensemble de petits symptômes : fatigue, envie de vomir ou de dormir, seins gonflés, etc. On ne sait pas très bien pourquoi ces malaises s'installent, et sans doute traduisent-ils la réaction de l'organisme à l'installation d'une greffe (l'embryon) et les premières conséquences des modifications hormonales du début de la grossesse. Toutes les femmes ne ressentent pas ces malaises quand elles sont enceintes. En revanche, certaines d'entre elles, qui se croient enceintes et qui ne le sont pas en réalité, en souffrent… Si bien que la confirmation de la grossesse doit être donnée en définitive par le médecin.

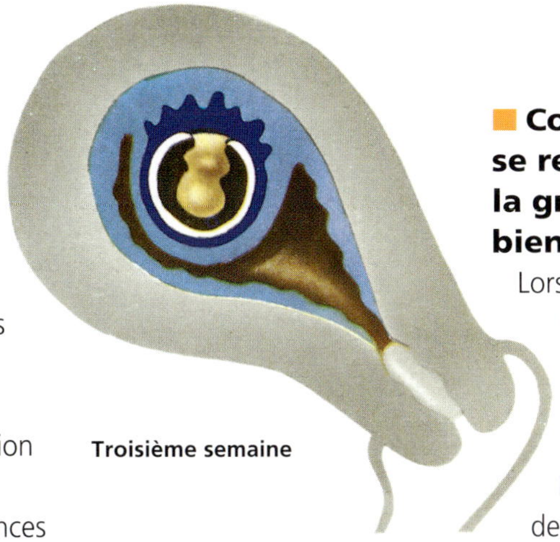

Troisième semaine

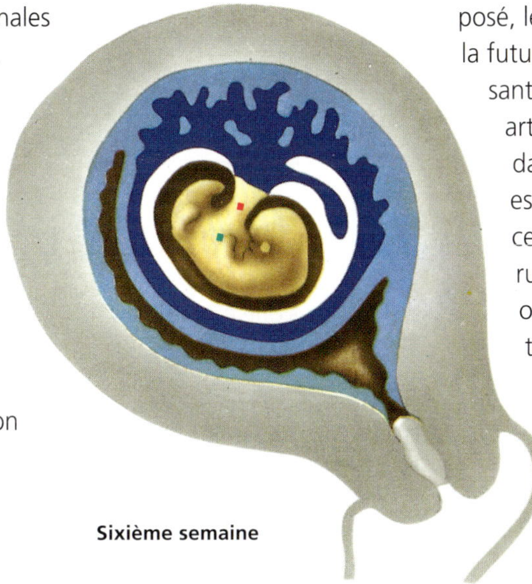

Sixième semaine

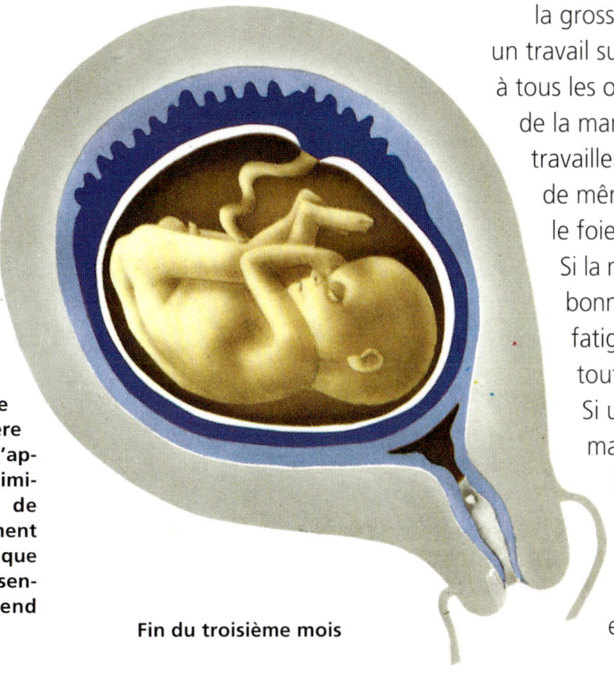

Fin du troisième mois

CI-CONTRE :

Les différents stades de la croissance embryonnaire. Au cours de la troisième semaine s'individualise le cordon ombilical qui relie l'embryon au placenta, organe d'échanges avec la mère assurant la nutrition, l'apport en oxygène et l'élimination des déchets de l'embryon. C'est seulement vers le soixantième jour que l'embryon acquiert l'essentiel de sa forme. Il prend alors le nom de fœtus.

Comment le docteur se rend compte que la grossesse se passe bien ?

Lors de la première visite, le médecin confirme la grossesse car l'utérus est plus gros et plus mou qu'habituellement. Dès que le diagnostic de grossesse normale est posé, le médecin s'assure que la future maman est en bonne santé. On prend la tension artérielle, on recherche dans le sang si la maman est protégée contre certaines maladies : rubéole, toxoplasmose ou hépatites et si son test VIH est bien négatif (test de dépistage du SIDA).

La femme enceinte doit consulter un médecin tous les mois, car la grossesse impose un travail supplémentaire à tous les organes de la maman : le cœur doit travailler pour deux, de même que les reins, le foie, etc.

Si la maman est en bonne santé et ne se fatigue pas trop, tout se passe bien. Si un organe est déjà malade avant la grossesse, ou si la maman dépasse ses possibilités, elle peut faire

CI-CONTRE :

Le fœtus à l'intérieur de l'enveloppe qui le protège des microbes, baigne dans le liquide amniotique. Pour pouvoir se nourrir d'oxygène et de substances riches apportées par le sang de sa mère, le fœtus est relié au placenta par le cordon ombilical qui part de son nombril. Les trois vaisseaux sanguins du cordon, deux artères et une veine, échangent les « déchets » et les substances nutritives avec ceux de la maman. À la naissance, il faudra couper le cordon ombilical pour que le nouveau-né puisse vivre indépendamment de sa mère.

1 - Artère et veine ombilicales.
2 - Coupe du muscle utérin.
3 - Placenta avec vaisseaux.
4 - Artère et veine utérines (vaisseaux sanguins maternels).

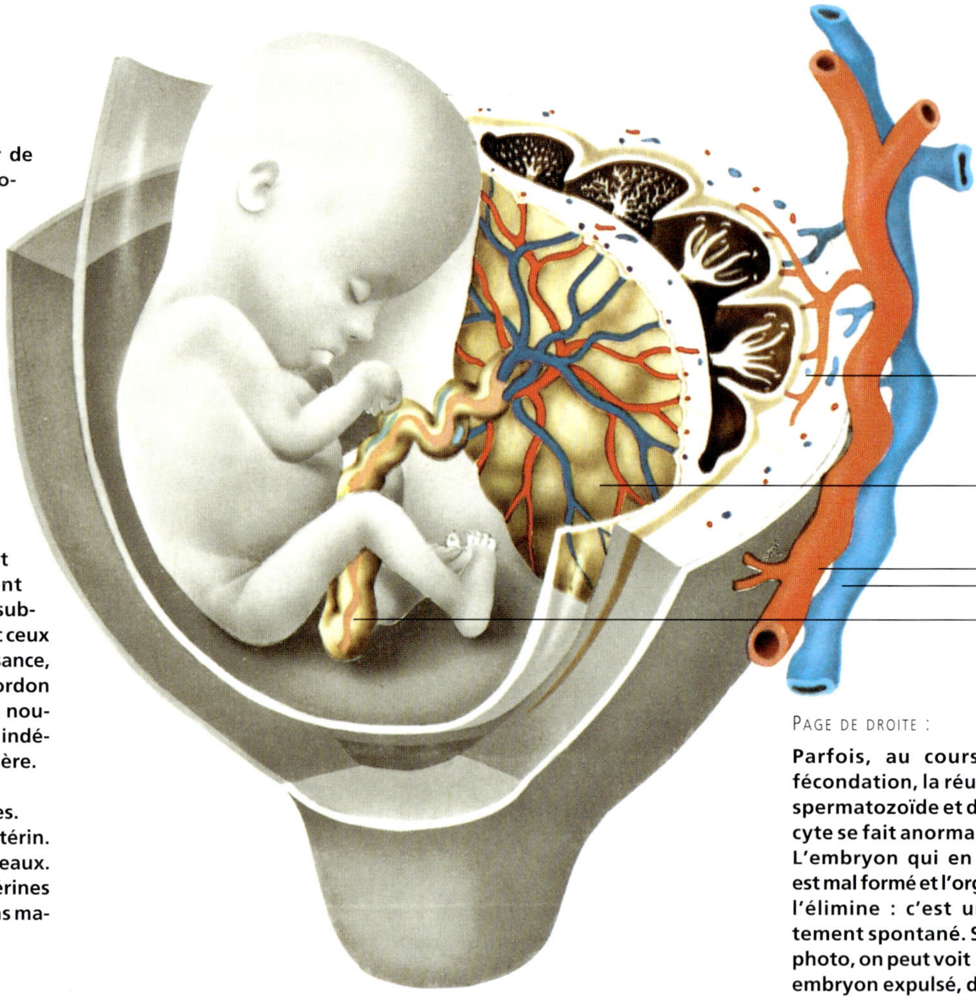

PAGE DE DROITE :

Parfois, au cours de la fécondation, la réunion du spermatozoïde et de l'ovocyte se fait anormalement. L'embryon qui en résulte est mal formé et l'organisme l'élimine : c'est un avortement spontané. Sur cette photo, on peut voit un petit embryon expulsé, dans son « sac » limité par les membranes transparentes. On remarque le cordon qui le relie au placenta.

des complications au cours de la grossesse. C'est ce que le médecin cherche à éviter.

« Le petit embryon doit vivre et se développer pendant près de 9 mois à l'intérieur du sac amniotique (formé par les membranes qui entourent l'œuf) avant de pouvoir vivre tout seul. »

Il y a plusieurs causes pour lesquelles la grossesse ne se développe pas bien dès le début :

• **soit l'œuf** s'est implanté puis développé dans la trompe de Fallope : c'est ce qu'on appelle une grossesse extra-utérine. Si celle-ci continue à se développer, il faut opérer avant que la trompe n'éclate,

• **soit l'œuf** s'est implanté dans l'utérus, mais ne se développe pas. Il se produira alors une fausse couche spontanée. Pour faire ces diagnostics, le médecin peut s'aider de l'échographie qui « photographie » le sac de la grossesse, l'embryon et montre sa situation.

Au bout de 4 mois, le fœtus mesure 12 centimètres. La maman doit le sentir remuer, mais on n'entend pas encore battre son cœur. L'utérus a grossi, et la partie la plus haute arrive au niveau du nombril. L'échographie en cours de grossesse (vers 4 mois et demi) permet de s'assurer que le bébé est bien constitué et qu'il se développe normalement.

À 5 mois, le fœtus mesure environ 20 centimètres. L'utérus 20 centimètres également entre le point le plus haut et l'os du pubis. Au moyen d'un stéthoscope spécial, on entend le cœur du bébé. À 5 mois, l'échographie permet de voir le sexe de l'enfant.
À 7 mois, le fœtus mesure 35 centimètres. Il est replié sur lui-même et prend en général sa position définitive, la tête en bas, vers l'ouverture du col de l'utérus. Il peut aussi avoir les fesses en bas : on dit que le fœtus se

présente « par le siège ».
À 8 mois, le fœtus mesure 40 centimètres et pèse 2 kilos. Le médecin vérifie que le bassin de la maman est assez large pour laisser passer le bébé ; il s'assure de sa taille, de sa position, et du rythme régulier de son cœur. À chacune des consultations, le médecin recherche la présence éventuelle d'albumine dans les urines de la femme enceinte ; il prend sa tension artérielle et surveille son poids. Ces trois gestes permettent en effet de dépister les complications les plus fréquentes : maladies des reins (les conséquences mettraient en jeu non seulement la vie de l'enfant, mais aussi celle de la mère au moment de

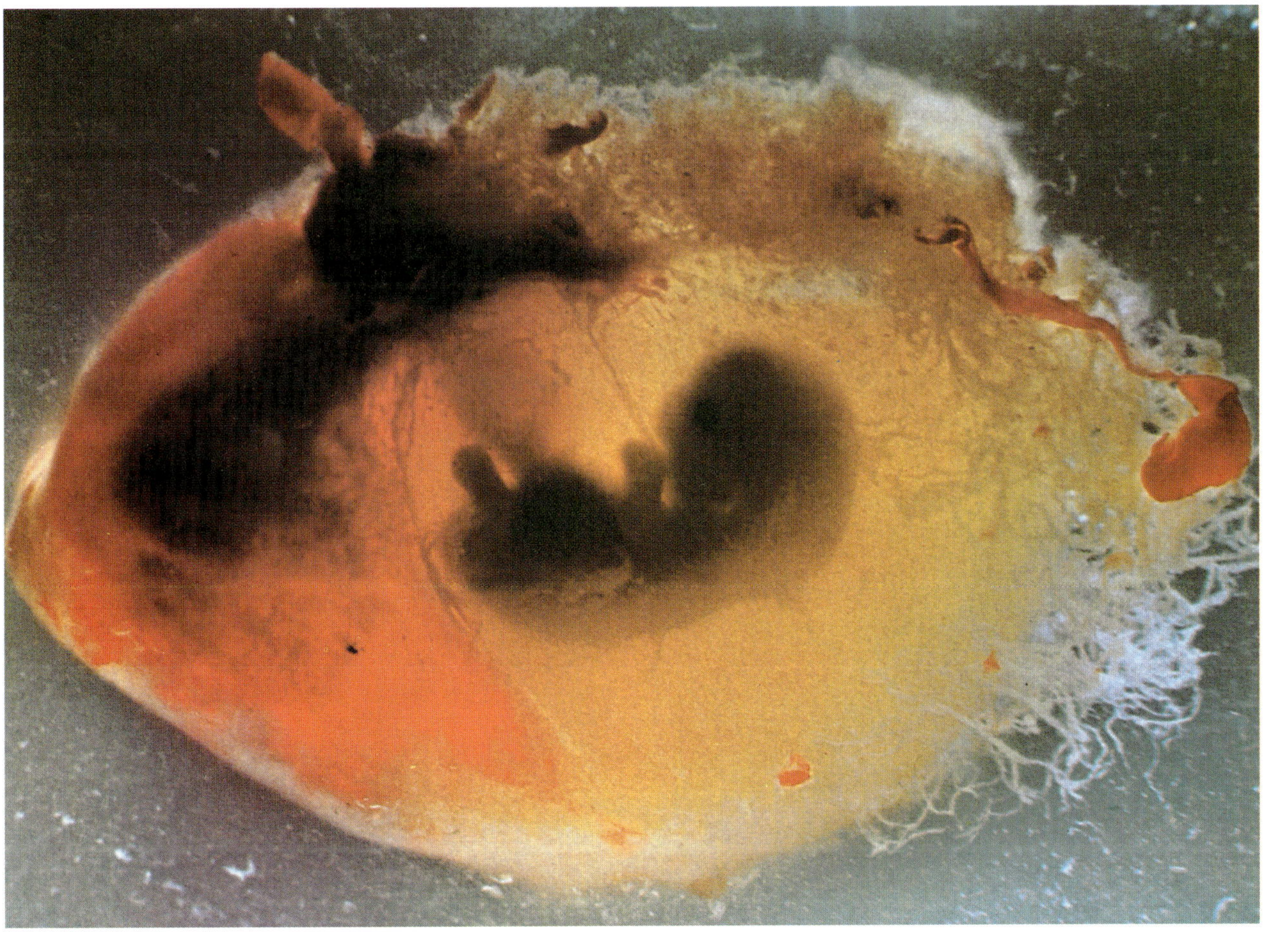

l'accouchement) ; hypertension ; importantes prises de poids.
Il y a cinquante ans encore, lorsque la surveillance des femmes enceintes n'était pas aussi développée, il y avait pour chacune d'elles un risque de mort. À l'heure actuelle, les observations sont systématiques et bien faites, toutes les complications possibles sont décelées et traitées à temps.

« Parfois c'est la femme qui, volontairement ou parce que sa santé l'exige, fait retirer l'embryon qu'elle porte et qui jusque-là se développait normalement : c'est une interruption volontaire de grossesse (IVG). »

L'AVORTEMENT SPONTANÉ

Qu'est-ce qu'un avortement spontané ?

Le petit embryon qui s'est implanté sur l'utérus commence à se développer. Si, pour une raison quelconque, il est rejeté hors de l'utérus avant 6 mois de grossesse, on dit qu'il s'agit d'un avortement ; au-delà de 6 mois, le bébé est dit prématuré. L'avortement signifie que la grossesse s'est interrompue, qu'elle n'a pas suivi son développement normal, qu'elle a échoué : jamais un fœtus expulsé avant 6 mois de grossesse ne peut vivre, alors qu'un prématuré peut éventuellement survivre en incubateur (ou couveuse) si on lui prodigue des soins particuliers.
L'avortement peut survenir lorsque l'embryon ne parvient pas à se développer normalement à l'intérieur de l'utérus, il meurt et est rejeté naturellement : c'est un avortement spontané.
Il peut se produire pour trois raisons principales :
• au moment de la fécondation, la réunion des chromosomes s'est mal faite : les cartes, en quelque sorte,

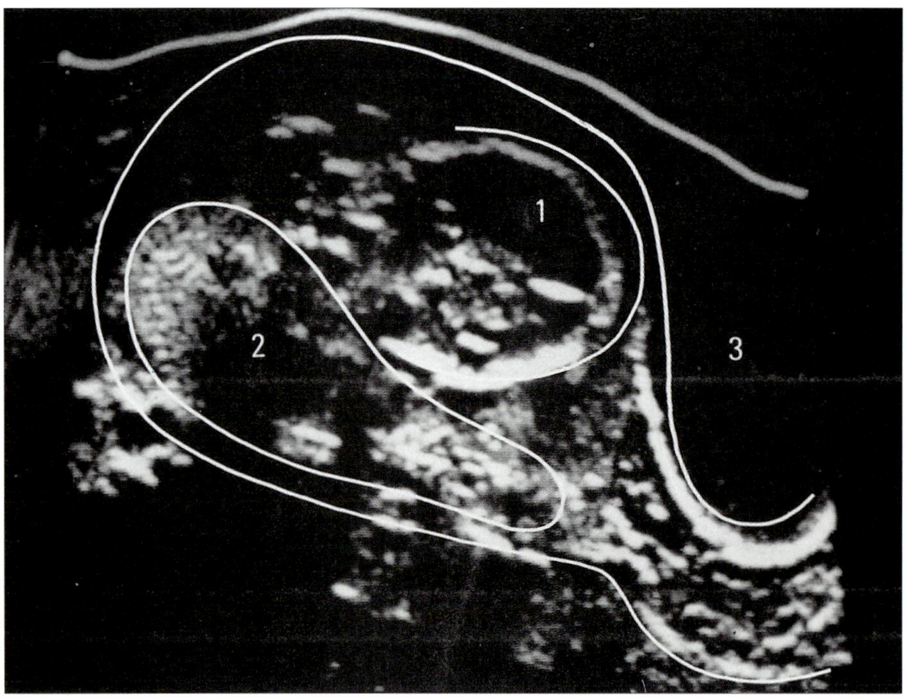

L'échotomographie est un appareil qui, par un système comparable au radar, permet de voir les organes profonds. Pendant la grossesse, on peut ainsi voir l'embryon à l'intérieur de l'utérus. Cet examen est sans danger tant pour la mère que pour le fœtus. On peut de cette façon : 1) vérifier que le fœtus est dans l'utérus, 2) voir s'il y a 1 ou plusieurs fœtus, 3) vérifier, au cours de son développement, s'il est normal, et 4) en fin de grossesse, voir sa position.

CI-CONTRE :

Grossesse montrant un seul fœtus en position transversale.
1. Tête.
2. Placenta.
3. Vessie de la mère.

ont été mal distribuées. Le fœtus qui en résulte est mal formé et s'élimine ;

• l'utérus est mal adapté à l'augmentation de la taille du fœtus au cours des premiers mois de la grossesse, et il rejette son « pensionnaire ». Lorsqu'une femme a présenté plusieurs accidents de ce type, on découvre parfois l'anomalie de l'utérus avant le début de la grossesse : petitesse de l'utérus ou col spontanément ouvert par exemple. On peut alors prévenir la nouvelle expulsion prématurée par un traitement approprié ;

• une maladie chronique de la mère ou une infection, par exemple, peuvent aussi agir de l'extérieur pour empêcher le développement de l'œuf.

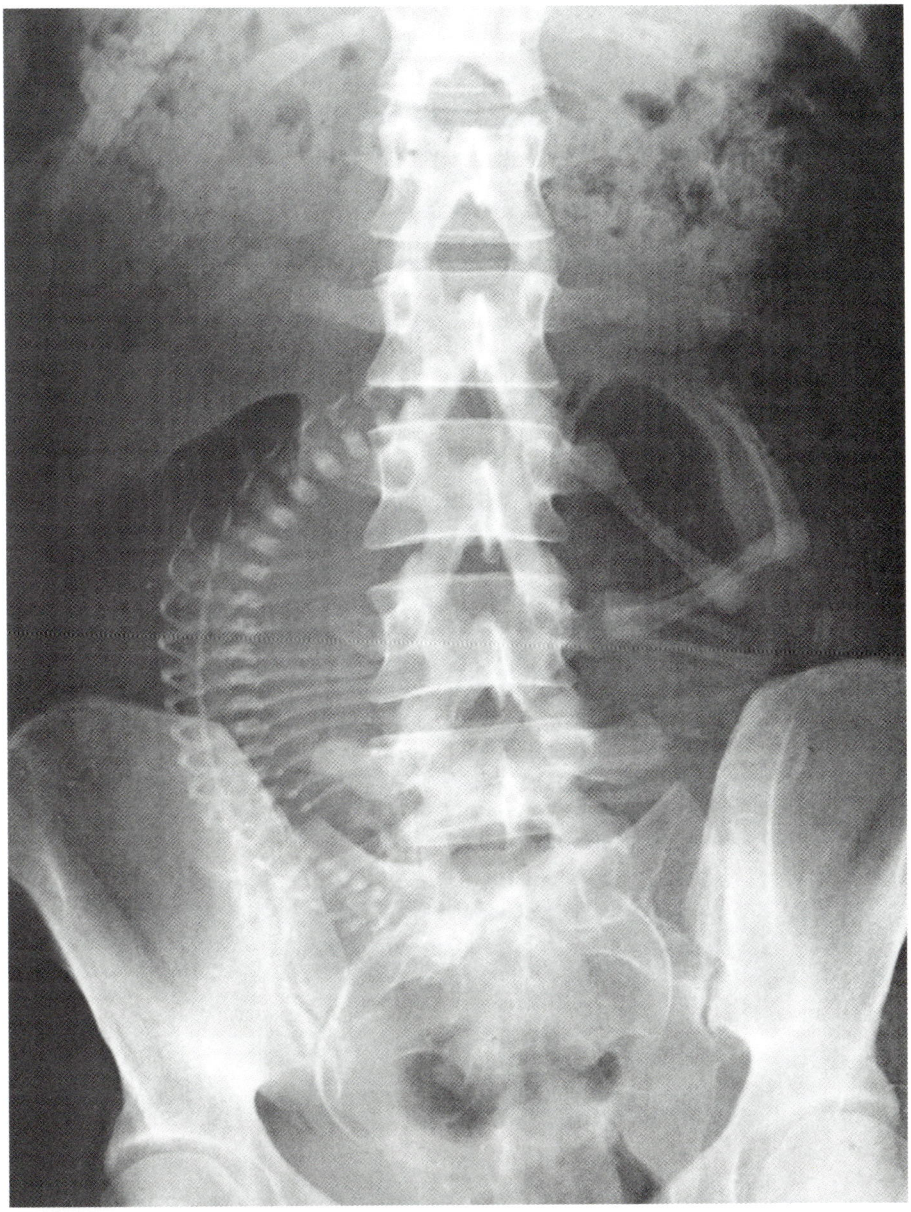

À DROITE :

96 % des enfants se « présentent » la tête en premier, position dans laquelle le fœtus s'adapte le mieux à la forme de l'utérus. Dans 4 % des cas, le fœtus a les fesses en bas. Une radiographie du ventre de la maman permettait, en faisant apparaître le squelette du bébé, de s'assurer de sa position.
Cet examen ne se pratique plus aujourd'hui pour éviter de faire prendre des rayons X au bébé. Il est remplacé par l'échographie mais nous avons tenu à conserver cette radio ancienne car elle montre bien la position du bébé dans le ventre de sa mère.

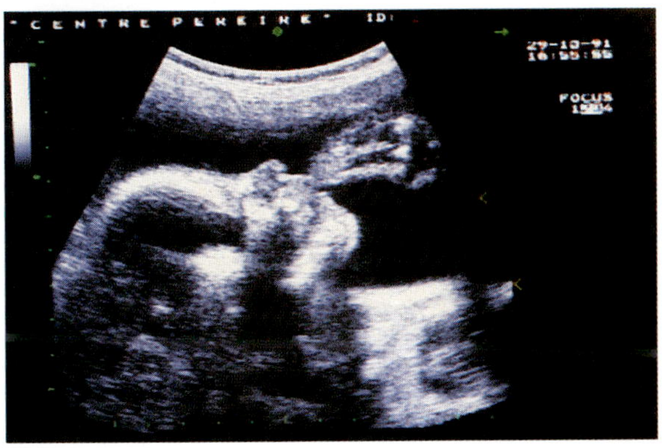

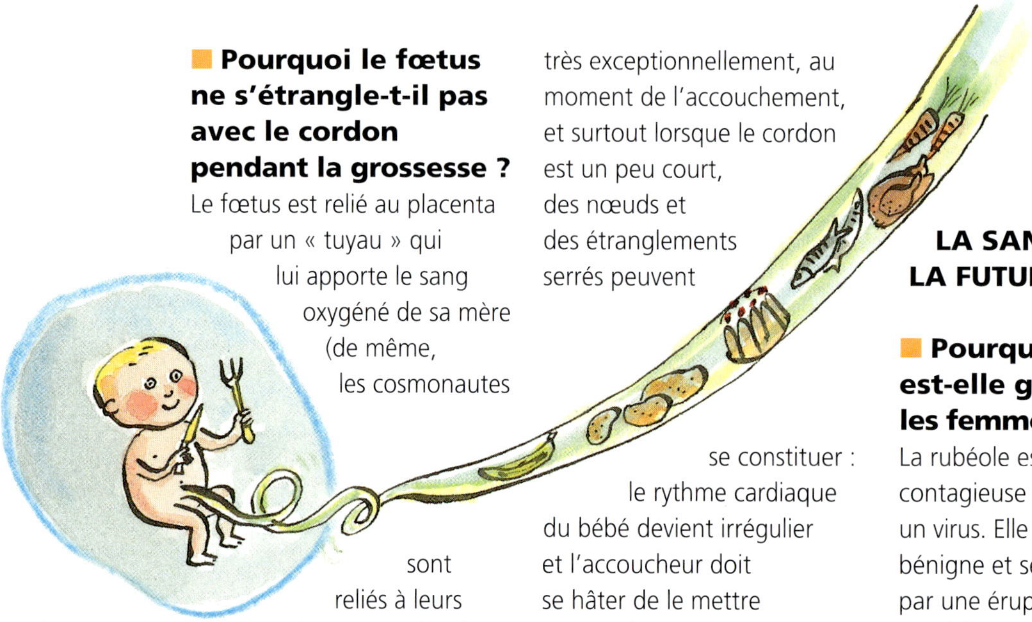

Pourquoi le fœtus ne s'étrangle-t-il pas avec le cordon pendant la grossesse ?

Le fœtus est relié au placenta par un « tuyau » qui lui apporte le sang oxygéné de sa mère (de même, les cosmonautes sont reliés à leurs vaisseaux spatiaux). Ce tuyau est cylindrique, gros comme un doigt et constitué d'une matière gélatineuse. Il contient deux artères et une veine. On l'appelle le cordon ombilical. Sa longueur est variable (entre 20 et 30 centimètres). Les bébés ne s'étranglent presque jamais avec le cordon. Pourquoi ? Parce que le cordon, assez long, est fait d'une matière très élastique qui, au lieu de résister, s'adapte à tous les mouvements du fœtus dans l'utérus. Néanmoins, très exceptionnellement, au moment de l'accouchement, et surtout lorsque le cordon est un peu court, des nœuds et des étranglements serrés peuvent se constituer : le rythme cardiaque du bébé devient irrégulier et l'accoucheur doit se hâter de le mettre au monde.

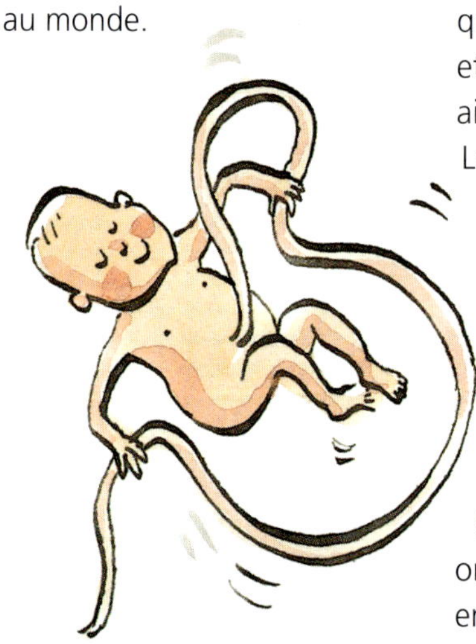

« Il est frappant de constater que parfois le cordon s'enroule autour du cou du bébé, ou autour de l'épaule mais il n'y a presque jamais d'étranglement véritable. »

LA SANTÉ DE LA FUTURE MAMAN

Pourquoi la rubéole est-elle grave chez les femmes enceintes ?

La rubéole est une maladie contagieuse provoquée par un virus. Elle est le plus souvent bénigne et se manifeste par une éruption de boutons qui débute sur le visage et s'étend au reste du corps, ainsi que par des ganglions. La maladie dure 2 ou 3 jours. Elle évolue par petites épidémies, surtout à la fin de l'hiver et au printemps, et se contracte en respirant des virus expirés par des sujets malades. 90 à 95 % des individus ont eu la rubéole dans leur enfance et sont définitivement protégés. Si une femme enceinte contracte la maladie, le virus est très dangereux pour l'embryon qu'elle porte : en effet, les cellules du bébé sont alors en plein développement et le virus de la rubéole les détruit très facilement. L'enfant continue à se développer mais il naîtra avec des malformations des yeux (cécité par cataracte), des oreilles (surdité et surdi-mutité), des os, du cœur, etc.

« Il existe aujourd'hui une réaction de laboratoire qui permet de dire si une femme a déjà eu la rubéole. Elle est dans ce cas protégée. »

Ci-dessous :

Les séances de gymnastique, au sol ou aquatique, préparent les femmes aux mouvements qui faciliteront la naissance de leur bébé. On leur apprend à respirer de façon à surmonter la douleur. Puis elles se familiarisent avec les locaux et le personnel de la maternité où elles accoucheront.

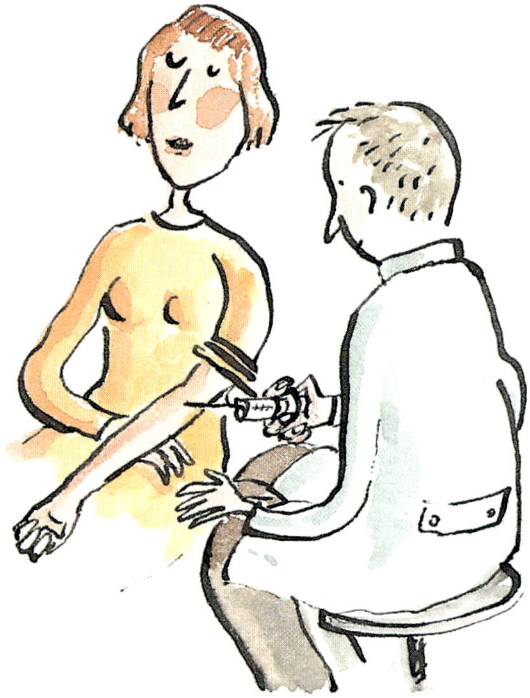

La gravité de ces lésions explique la crainte que fait naître chez toutes les femmes cette maladie.
On peut aujourd'hui protéger la femme, si elle n'a pas eu cette maladie, artificiellement : il existe un vaccin qui pourra « l'immuniser » avant qu'elle ne devienne enceinte. Dans certains pays, son apparition constitue un motif valable d'avortement thérapeutique.

En est-il de même de la toxoplasmose ?

Le toxoplasme est contenue dans la terre et souille les légumes mal lavés ou la viande crue. S'il est ingéré par une femme enceinte, il passe par le placenta et entraîne des lésions oculaires ou auditives du fœtus. Ces lésions ne seront reconnues qu'après la naissance. Il est donc essentiel d'empêcher cette infection. Une réaction sanguine permet de savoir si la femme a des anticorps antitoxoplasme dans son sang dès le début de la grossesse. Dans ce cas, son fœtus est protégé. Si la femme n'a pas d'anticorps, on doit lui recommander des précautions alimentaires jusqu'à l'accouchement et on doit surveiller son test chaque mois pour s'assurer qu'elle n'a pas contracté la maladie d'un mois sur l'autre. Dans ce dernier cas, on lui prescrit des antibiotiques qui protègent son enfant.

Pourquoi le SIDA est-il particulièrement grave chez la femme enceinte ?

Parce que le virus du SIDA, appelé VIH, peut se transmettre de la mère à son bébé pendant la grossesse. Une femme enceinte sur mille environ est séropositive (elle a été contaminée par le virus). 15 à 20 % des enfants nés de mères séropositives sont contaminés par le virus VIH. La transmission se fait par le placenta ou lors de l'accouchement. On doit donc rechercher la présence du virus chez tout nouveau-né d'une mère séropositive.
On peut aujourd'hui prévenir la transmission du virus par des mesures d'hygiène et surtout par un traitement spécial donné à la mère très tôt et poursuivi chez l'enfant jusqu'à 6 semaines de vie.
On doit également interdire l'allaitement au sein.
Le risque de contamination diminue alors à 5 %.

« Rhésus est l'abréviation de Macacus rhésus. Ce sont des singes de laboratoire sur lesquels on pratique de nombreuses expériences. »

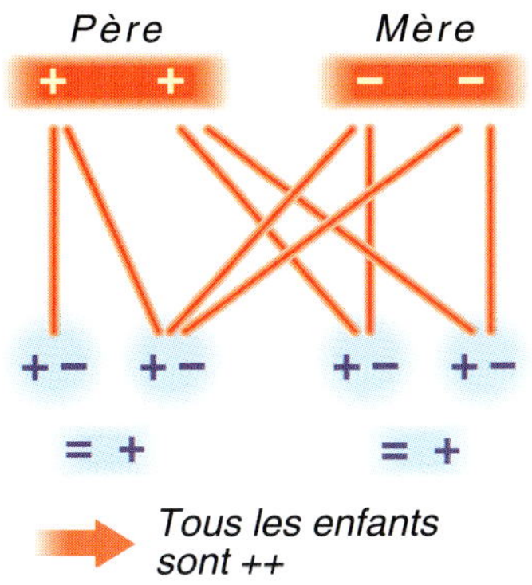

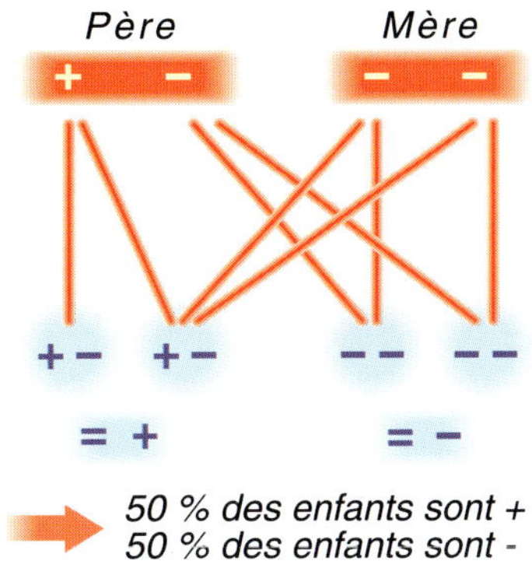

Qu'est-ce que le Rhésus ?

En 1940, un savant, Landsteiner, s'aperçoit que 85 % des sangs humains se comportent comme le sang des singes Macacus rhésus, et que 15 % sont totalement différents. On appelle les premiers « Rhésus positif » et les seconds « Rhésus négatif ». Très vite, on se rend compte que, lorsqu'une femme Rhésus négatif mariée à un homme Rhésus positif devient enceinte, des accidents peuvent survenir. Ces accidents ne frappent que le bébé et jamais la mère. Ils s'expliquent par le fait que, si le fœtus est du même groupe que son père (ce qui n'est pas obligatoire), la mère développe dans son sang négatif des substances qui luttent contre les globules positifs de son enfant. Ces substances, qui peuvent traverser le placenta, détruisent peu à peu les globules rouges du fœtus : celui-ci peut mourir d'anémie avant de naître, ou bien naître très malade, et il est indispensable de changer tout son sang par une exsanguino-transfusion. Ces accidents – dits d'incompatibilité fœto-maternelle – ne se produisent que si la mère est « négatif » et l'enfant « positif » (en effet, pour une raison encore inconnue, seul le groupe négatif se défend contre le positif). Ils ne surviennent que rarement dès la première grossesse. C'est par la suite que le risque va croissant, la mère développant à chaque grossesse d'un enfant Rhésus positif les anticorps qui le léseront.

Ce risque est maintenant combattu avec efficacité par la vaccination anti-Rh. Cette vaccination doit s'effectuer chaque fois qu'un peu de sang du fœtus peut passer dans la circulation de la mère, par exemple, à la naissance ou lors d'un avortement spontané ou par IVG.

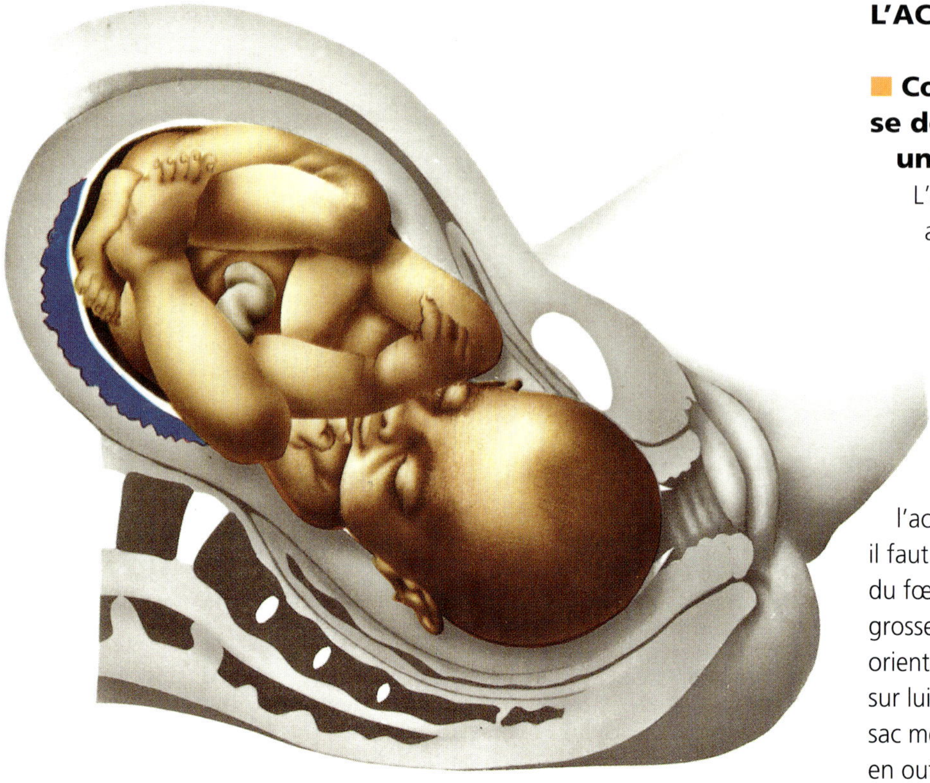

L'ACCOUCHEMENT

Comment se déroule un accouchement ?

L'accouchement permet au fœtus de sortir de l'utérus de sa mère. C'est l'ensemble des processus qui permettent sa naissance.

Pour comprendre ce que représente l'accouchement, il faut imaginer la situation du fœtus à la fin de la grossesse. Il est en général orienté la tête en bas, replié sur lui-même, à l'intérieur du sac membraneux (qui contient en outre 2 litres de liquide amniotique).

Le sac est contenu dans l'utérus, dont la partie basse

EN DOUBLE-PAGE :

L'accouchement est la descente progressive du fœtus au travers du col utérin dilaté, puis du vagin et de la vulve. Tête en avant, le fœtus fait son chemin sous l'influence des contractions de l'utérus qui le repoussent au-dehors.
Le crâne tourne comme une vis pour s'adapter à la zone la plus large.

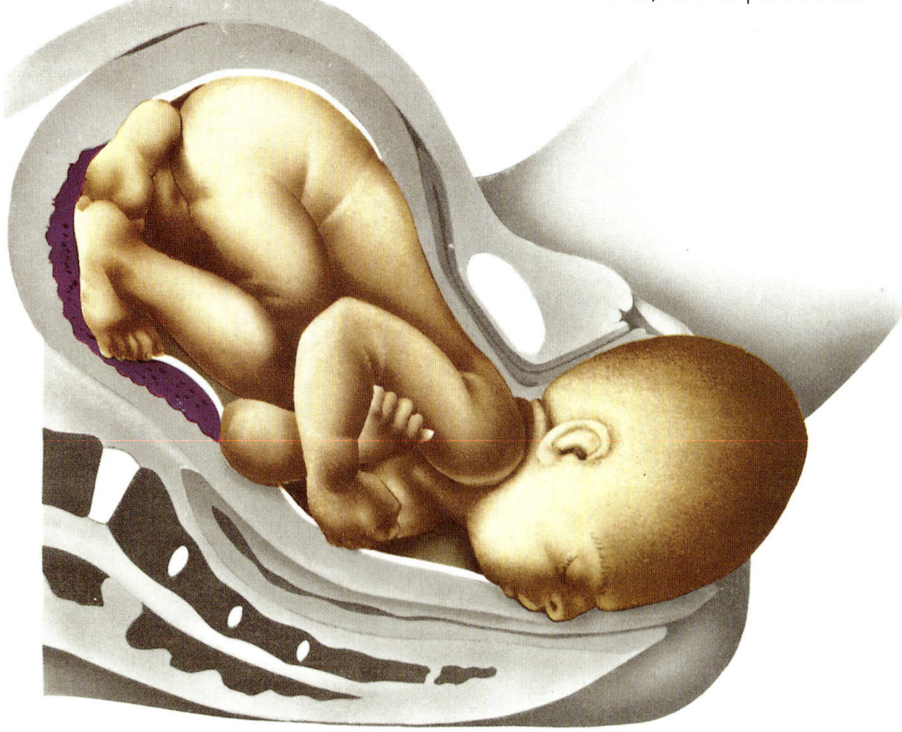

(le col) est encore fermée. L'utérus lui-même est un organe situé à la partie inférieure de l'abdomen, au centre du « petit bassin ». Celui-ci est limité par les os iliaques, dont le relief forme un cercle complet : en avant, la symphyse du pubis ; en arrière, le sacrum et, de chaque côté, les os iliaques. Enfin, le col de l'utérus s'ouvre dans le vagin qui se termine par la vulve, organe le plus externe.
Pour qu'un accouchement se déroule bien, il faut que les contractions de l'utérus soient régulières : ainsi le fœtus les « supporte », c'est-à-dire qu'il ne souffre pas d'un manque d'oxygène, puisque le sang de la mère lui parvient régulièrement.
Si les contractions sont anarchiques, le fœtus souffre d'un manque d'oxygène et ses battements cardiaques changent de rythme.
Pour surveiller le rythme et l'intensité des contractions et des battements du cœur fœtal, on a mis au point le « monitorage », c'est-à-dire l'enregistrement des contractions et du cœur du fœtus. Cela permet de surveiller le bon déroulement de l'accouchement.
Pour que le fœtus puisse sortir du ventre de sa mère, il doit donc traverser successivement les membranes, le col de l'utérus, le cercle osseux

« Le déroulement de l'accouchement est bien connu, mais on ignore encore ce qui déclenche les premières contractions de l'utérus au terme de la grossesse... »

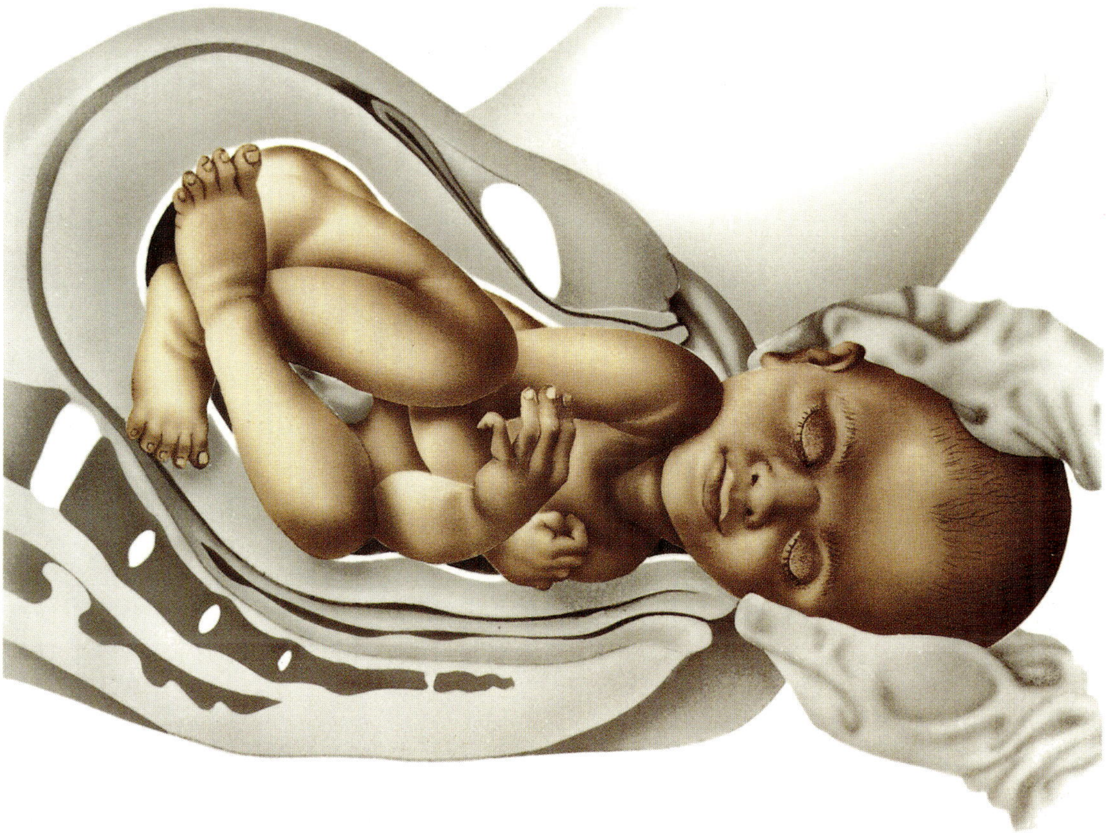

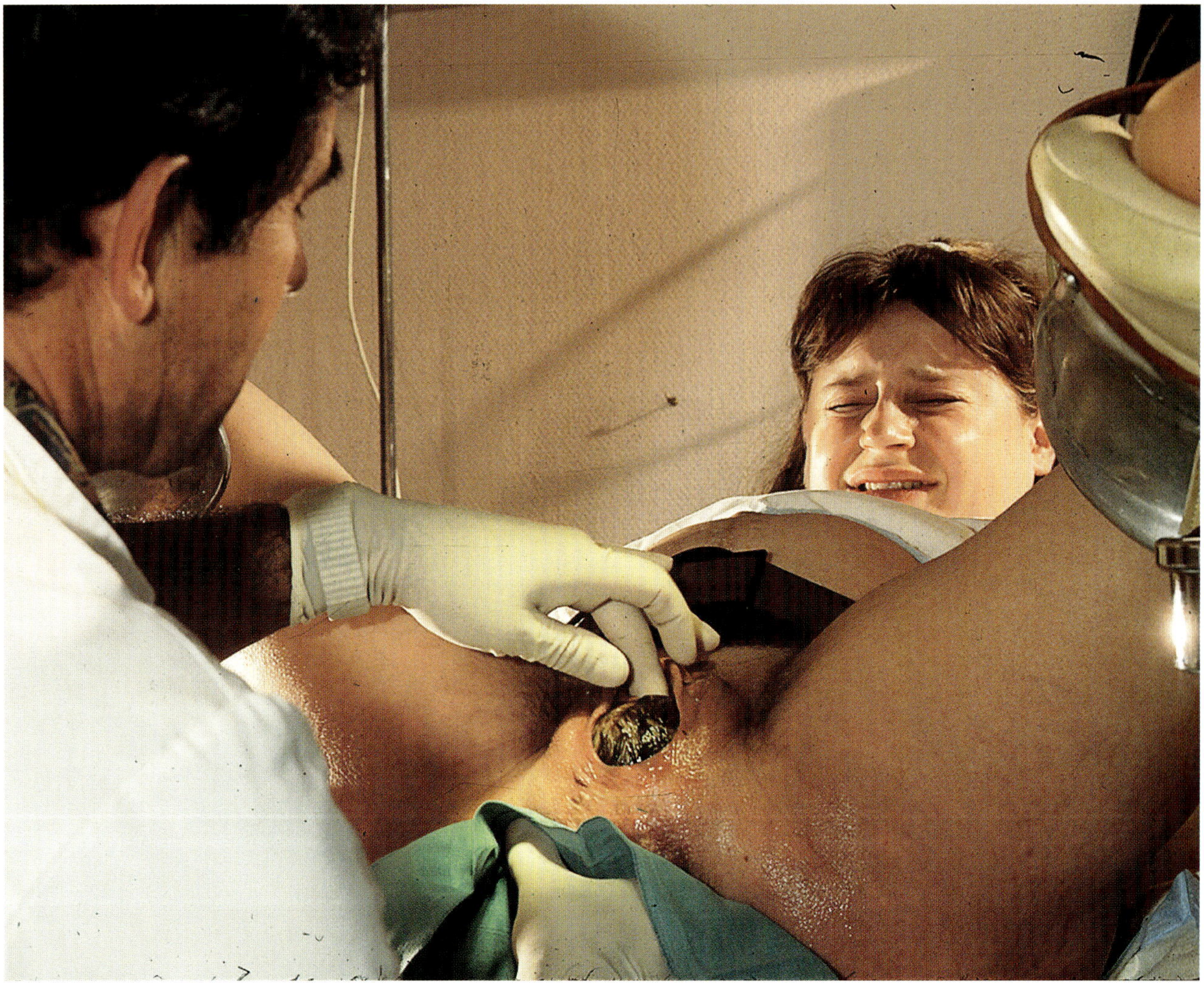

La tête a franchi le col et apparaît à la vulve, grâce aux contractions de l'utérus et aux efforts de la mère.
Lorsque la tête du fœtus apparaît à la vulve, le médecin accoucheur ou la sage femme la tire doucement sans déchirer le périnée de la mère. Puis il fait passer une épaule après l'autre, et le reste du corps du bébé sort.
On pose le bébé sur le ventre de sa mère et il ne reste plus qu'à couper le cordon entre deux pinces.

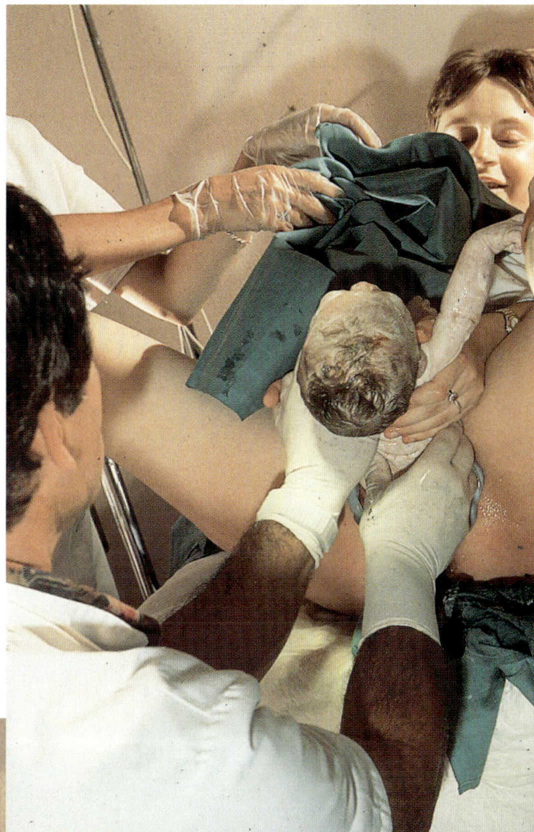

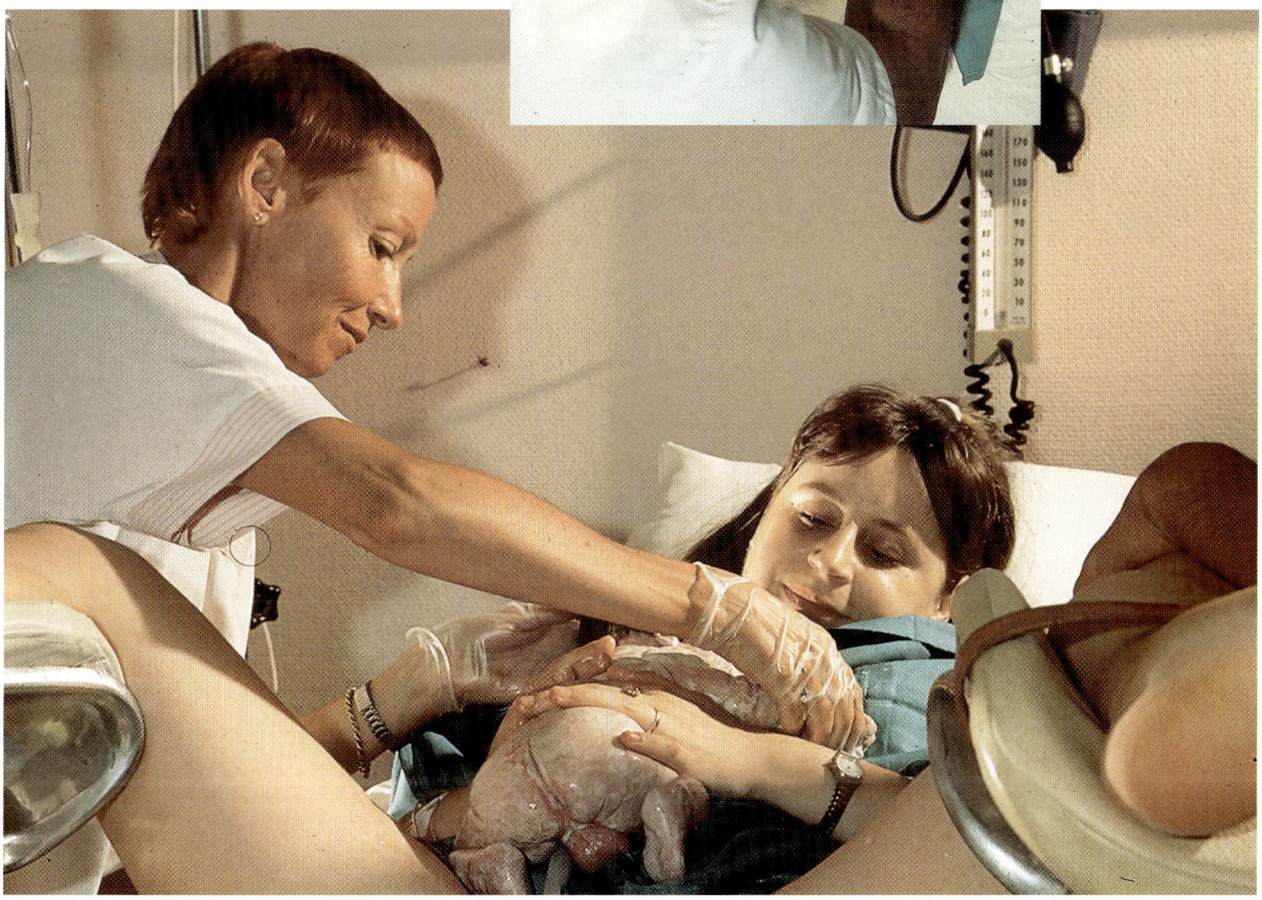

du bassin, le vagin et la vulve. Il y a donc :

- rupture des membranes, minces comme une petite feuille de plastique (elle se fait souvent seule sous la pression du liquide amniotique) ;

- dilatation du col (fermé au début de l'accouchement, large de 10 centimètres à la fin) ;

- engagement de la tête dans le diamètre du bassin osseux (si le bassin est trop petit, la tête ne peut pas s'engager et on doit pratiquer une « césarienne » *(voir p. 130)* ;

- descente de la tête dans le vagin ;

- sortie de la tête, puis du tronc et des membres, par la vulve. Mais l'accouchement n'est pas encore terminé. On doit couper le cordon qui relie le bébé au placenta.

Le cordon sort par le vagin.

Le placenta va se détacher de l'utérus au bout de quelques minutes et être expulsé par le vagin : c'est la délivrance.

Tout cela ne peut avoir lieu que parce qu'une force énergique pousse le fœtus vers le dehors : la contraction de l'utérus. L'utérus, en effet, est composé de fibres musculaires élastiques qui, sous l'action de l'hormone hypophysaire, peuvent se contracter de manière rythmique.

Chaque contraction de l'utérus a pour résultat de chasser le fœtus vers le col de l'utérus, comme on chasse le noyau d'une olive en exerçant une pression sur ses parois.

Les contractions durent environ 1 minute et se produisent toutes les 3 ou 4 minutes : c'est parce que les contractions peuvent être ressenties douloureusement qu'on dit que l'accouchement est douloureux. Mais, de nos jours, « l'accouchement sans douleur » *(voir plus loin)* a transformé cet état de choses. Chaque contraction de l'utérus repousse le fœtus vers le bas avec une certaine force. La pression du liquide amniotique entraîne d'abord la déchirure des membranes.

La tête appuie alors directement sur le col de l'utérus, qui va se dilater comme une bague de caoutchouc pour laisser passer la tête du fœtus. Il reste à la tête fœtale à descendre un peu dans le vagin pour arriver au niveau de la vulve.

À ce moment, l'accoucheur peut se saisir avec douceur de la tête, au niveau du menton et des tempes, et l'aider à sortir. Bébé est né.

Parfois quand l'accouchement a du mal à se terminer, et que la tête du bébé ne progresse plus vers l'extérieur, on peut s'aider d'un forceps.

C'est un instrument en métal, fait de deux « cuillères » qui s'appliquent de part et d'autre de la tête du bébé et qui permettent de l'extraire.

Si l'on connaît bien le déroulement de l'accouchement, son début demeure pour l'instant tout à fait imprévisible.

Et, quand l'accouchement a commencé, on ne peut pas l'interrompre.

« Autrefois, les femmes étaient inquiètes à l'idée de mettre au monde un bébé. De nos jours, les mamans vont à l'hôpital pour se préparer à l'accouchement sans douleur. »

si, à son arrivée à la clinique, la future maman est terrifiée à l'idée de souffrir, toutes ses sensations seront ressenties comme des douleurs.
Si, au contraire, et dès avant l'accouchement, elle a compris ce qui se passe pendant la naissance et après, si elle est prête à dominer les sensations

Cette anesthésie permet à la femme de ne plus rien ressentir pendant quelques heures dans la partie de son corps qui est au-dessous de l'ombilic. Elle consiste à faire une injection d'un produit anesthésique dans le canal qui entoure la moelle épinière, autour des racines nerveuses qui transmettent la sensibilité de l'utérus et du vagin.
La piqûre est elle-même indolore. L'anesthésie dure 3 heures environ.

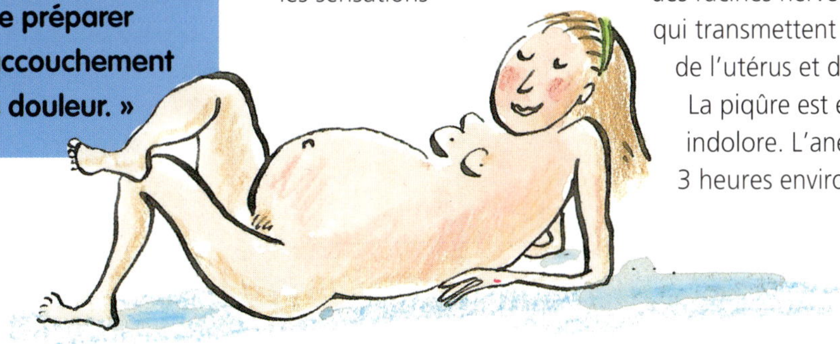

Qu'est-ce que l'accouchement sans douleur ?

Grâce à « la préparation à l'accouchement sans douleur », le jour venu, si elles souffrent un peu, les femmes ne ressentent presque pas de peur. Pourquoi ?
Pour le comprendre, il faut penser à un exemple simple : si on touche une allumette enflammée, on se brûle légèrement. On pousse un cri, parfois même avant de s'être brûlé. Mais si l'on s'est exercé à éteindre la flamme d'un geste rapide des deux doigts, comme on éteint une bougie, on ressent seulement une petite sensation de brûlure.
Il en va de même pour l'accouchement : qu'elle aura du fait des contractions de son utérus, elle souffrira beaucoup moins.
C'est pourquoi la préparation à l'accouchement sans douleur comprend des séances d'explication de l'anatomie du corps et de la marche d'un accouchement, ainsi que des séances de gymnastique et de contrôle des contractions de l'utérus et de la respiration.
L'accouchement doit être considéré comme un exercice physique et, comme tel, il peut s'apprendre. Néanmoins, cette préparation n'est pas suffisante. Ainsi, pour éviter complètement la douleur de l'accouchement, on pratique le plus souvent une anesthésie locale ou anesthésie péridurale.

CI-DESSOUS :
Anesthésie régionale (partie inférieure du corps) par piqûre dans l'espace péridural. Cette piqûre est elle-même indolore.

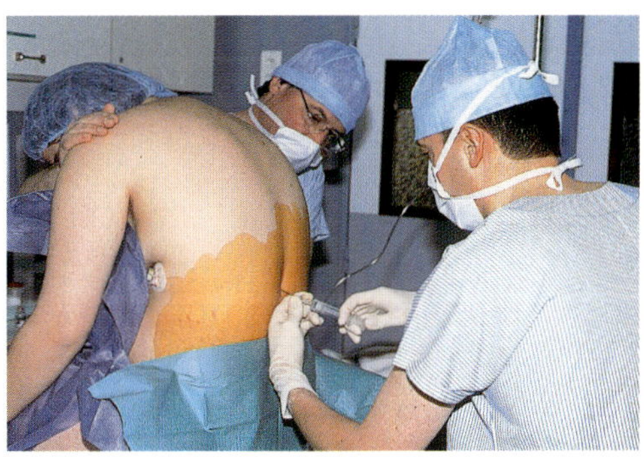

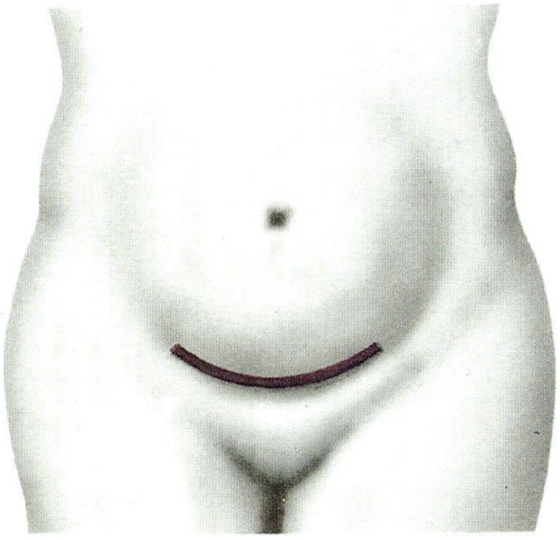

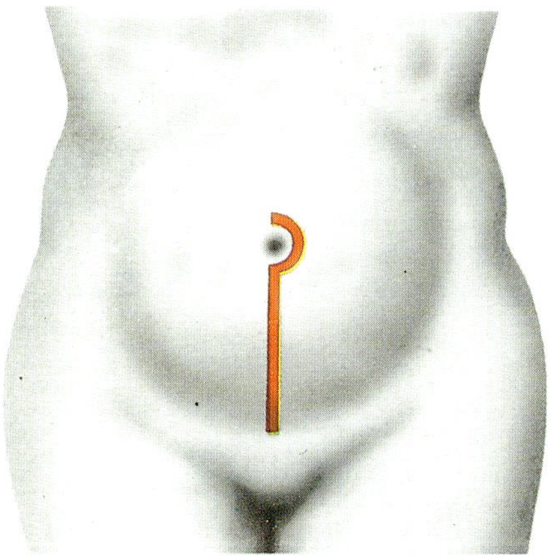

CI-CONTRE ET CI-DESSOUS :

Une césarienne est une opération chirurgicale qui permet de sortir le bébé du ventre de sa mère quand celle-ci ne peut pas accoucher normalement. Pour cela le chirurgien incise la peau du ventre sous le nombril, soit verticalement, soit horizontalement, puis ouvre l'utérus pour en extraire le bébé.

Qu'est-ce qu'une césarienne ?

Une césarienne est une opération chirurgicale qui permet de faire naître un bébé en le sortant par le ventre de sa mère quand celle-ci ne peut pas accoucher normalement. Pour que le fœtus puisse venir au monde au cours d'un accouchement normal, il doit traverser successivement (nous l'avons vu) les membranes, le col de l'utérus, le cercle osseux du bassin, le vagin, la vulve. Parmi ces obstacles, deux d'entre eux peuvent être infranchissables : le bassin osseux et le col de l'utérus. Certaines femmes très petites,

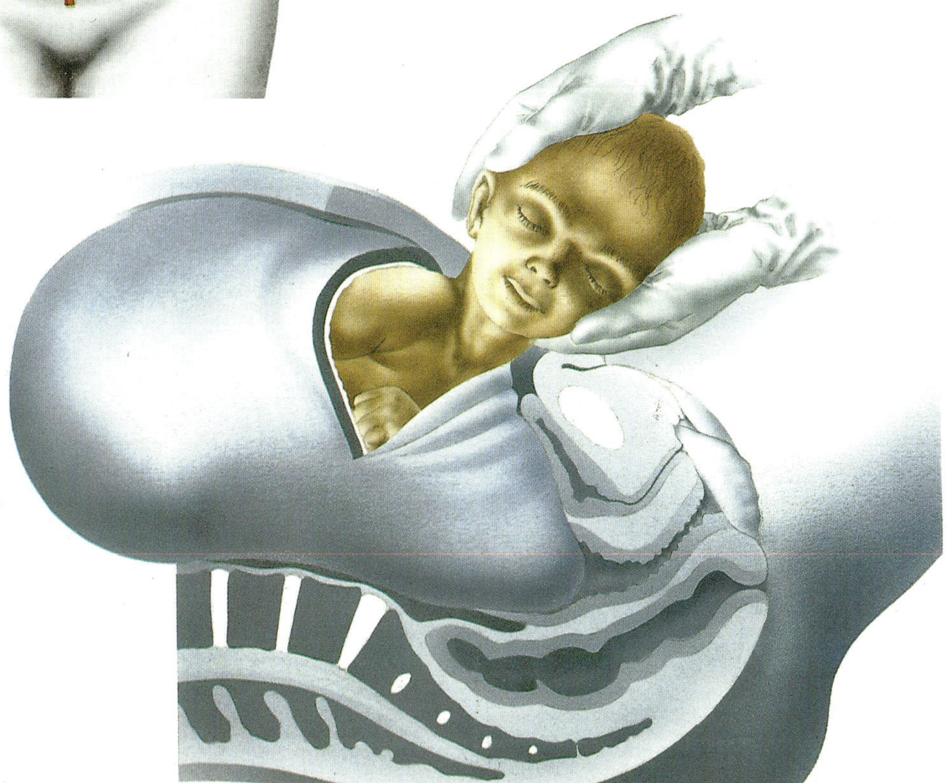

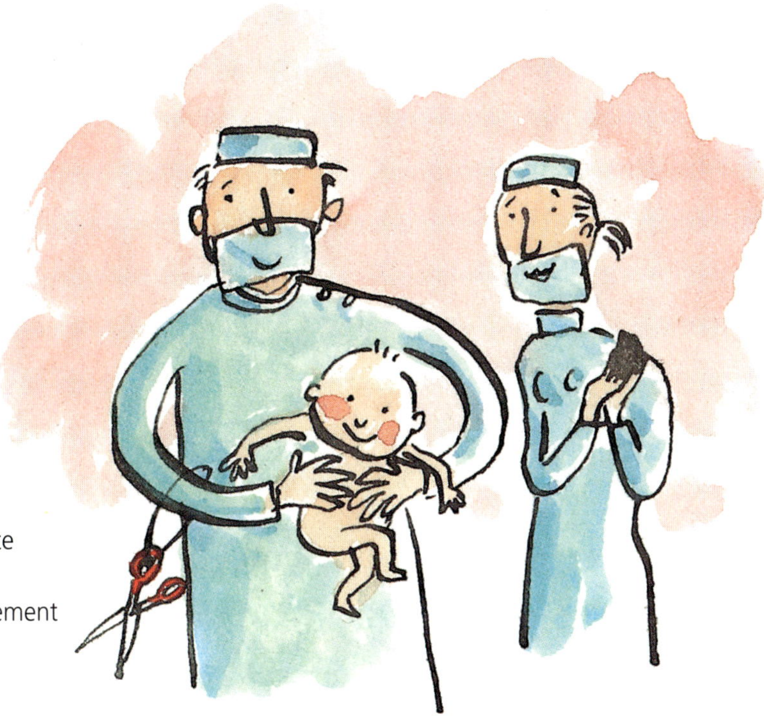

ou qui ont eu une maladie osseuse au cours de leur enfance, ont un bassin trop étroit pour que la tête du fœtus puisse le traverser. L'accouchement ne peut avoir lieu normalement.
D'autres fois, le col de l'utérus ne parvient pas à se dilater en dépit de bonnes contractions ou parce que les contractions ne sont pas assez fortes malgré l'usage de médicaments.
Au bout de quelques heures, on décide une césarienne pour que le bébé ne souffre pas. En effet, si la tête du bébé reste coincée pendant des heures sur le bassin osseux ou sur le col qui ne se dilate pas, une hémorragie peut se produire au niveau de son cerveau, et le fœtus meurt avant l'accouchement. C'est ce qui arrivait avant la pratique de la césarienne.
Pour subir une césarienne, la maman est conduite en salle d'opération, où on l'endort pour qu'elle ne sente rien. On peut également faire une césarienne sous anesthésie péridurale, sans endormir la maman qui peut ainsi voir son bébé dès qu'il est né.
Le chirurgien incise la paroi du ventre entre les muscles, puis il ouvre l'utérus sur le devant. Il sort le bébé, coupe le cordon, enlève le placenta ; il reste à recoudre l'utérus, puis la paroi de la peau.
Ainsi, grâce aux césariennes, les accouchements se passent de mieux en mieux pour le bébé et sa maman.

CI-DESSOUS :

Dans les minutes qui suivent sa naissance, le bébé est capable, quand on le tient à la verticale par les mains, d'ébaucher les mouvements de la marche. De même, ses mains se serrent sur le doigt qu'on lui présente. Ce sont les tests essentiels qu'on lui fait passer pour juger de son parfait état de santé.

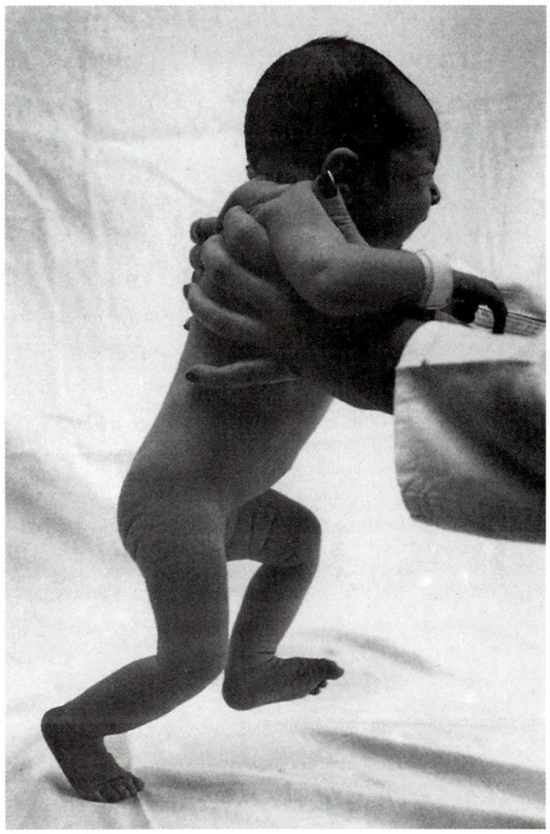

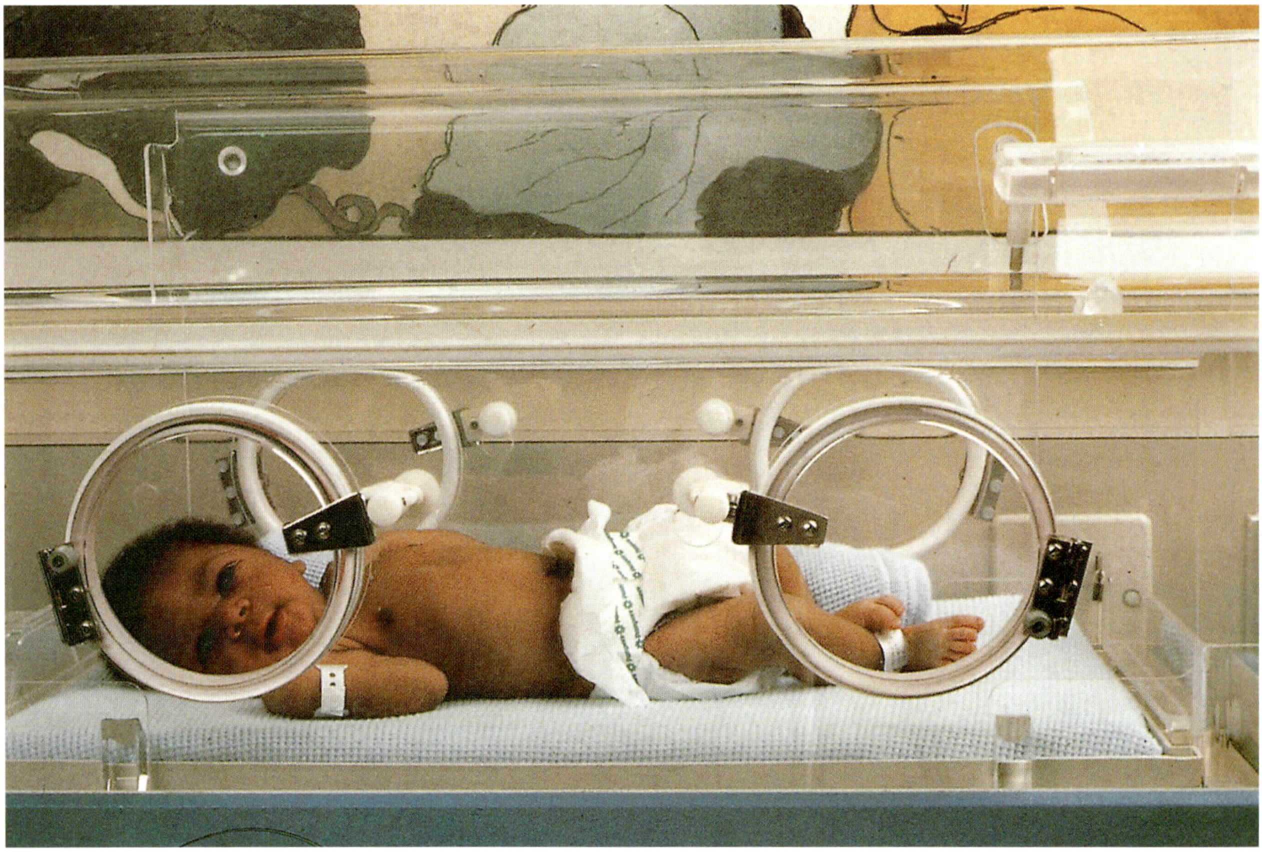

CI-DESSUS :

La couveuse est une enceinte close, chaude, à l'abri de tous germes infectieux, riche en oxygène, avec des ouvertures pour les mains de la puéricultrice. On y place les bébés prématurés, afin de les nourrir à l'abri de toute agression, jusqu'à ce que leur poids atteigne 2,5 kg environ.

Qu'est-ce qu'un bébé prématuré ?

Normalement, un fœtus ne possède totalement les moyens de vivre détaché de sa mère qu'à l'issue des 9 mois de grossesse : ses tissus, en effet, doivent s'adapter progressivement aux fonctions qu'ils devront exercer. Par exemple, le fœtus ne respire pas à l'intérieur de l'utérus : c'est le sang du cordon ombilical qui lui apporte l'oxygène dont il a besoin ; mais cela n'empêche pas les cellules des alvéoles pulmonaires du fœtus de se préparer à respirer dès la naissance. Le processus est le même pour toutes les fonctions de l'organisme : digestion, élimination des déchets, adaptation au chaud et froid, etc. Diverses conditions sont nécessaires pour que le fœtus parvienne à ce terme : il faut que l'utérus de la maman se laisse distendre facilement par le volume fœtal, surtout dans les derniers mois ; il faut que le col reste fermé comme le collet d'un ballon qu'on gonfle ; il faut que la circulation sanguine se fasse facilement entre la mère et l'enfant au travers du placenta. Si l'une de ces conditions manque (l'utérus se contracte trop tôt, le col s'ouvre, etc.), l'enfant naît avant le terme normal de 9 mois. À 8 mois, ce n'est pas trop grave. À 7 mois, c'est très difficile. À 6 mois, c'est presque toujours impossible.

Qu'est-ce qu'un accouchement par le siège ?

Si, au cours des derniers mois de la grossesse, au lieu de se placer la tête en bas, le fœtus se présente la tête en haut et les fesses en bas, on dit qu'il va naître par le siège. L'accouchement peut quand même se dérouler normalement, les membres inférieurs en premier, puis le tronc, les membres supérieurs et la tête en dernier. Cependant l'accoucheur vérifie par avance que le bassin de la mère est assez large pour laisser passer la tête qui est le diamètre le plus large du fœtus. Si tel n'est pas le cas, il décide une césarienne.

Pourquoi l'enfant ne respire-t-il qu'après la naissance ?

Le fœtus, à l'intérieur de la mère, vit sans respirer grâce au sang qui passe au travers du placenta par le cordon ombilical (ce dernier relie en effet le placenta à l'ombilic). Ce cordon lui apporte de l'oxygène (charrié par les globules rouges) et des aliments (contenus dans le sérum sanguin). Il emporte aussi le gaz carbonique et les déchets. Aussitôt après la naissance, l'accoucheur coupe le cordon pour que le bébé puisse vivre de manière autonome. À ce moment, l'enfant commence à « s'asphyxier » puisqu'il ne reçoit plus d'oxygène. Les centres respiratoires de son cerveau, qui reçoivent trop de gaz carbonique, donnent alors un ordre aux poumons : la première expiration se manifeste par un cri auquel succède une inspiration. La respiration se met en route ; elle sera contrôlée, comme chez l'individu adulte, par le taux d'oxygène et de gaz carbonique de la circulation sanguine.

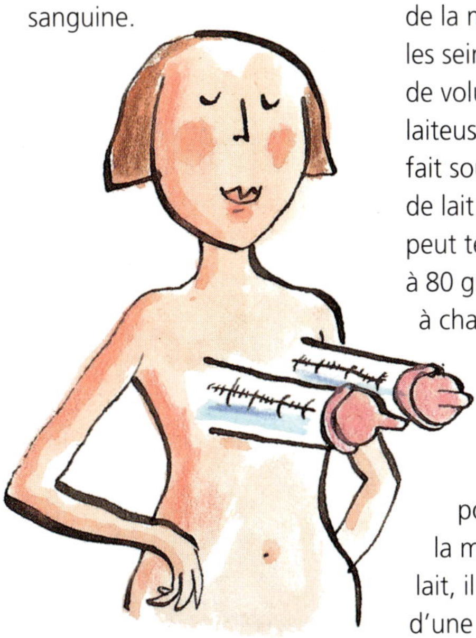

« Le lait maternel est facile à digérer par le nouveau-né. Il contient des anticorps qui aident l'enfant à résister aux infections. »

L'ALLAITEMENT

Comment allaite-t-on un bébé ?

Les aliments qui permettent la croissance et le développement du bébé lui sont apportés par le lait, seul aliment qu'il puisse alors digérer. Dès que l'accouchement a eu lieu, une hormone produite par l'hypophyse entraîne la sécrétion du lait dans les glandes mammaires de la mère. Le troisième jour, les seins augmentent de volume : c'est la « montée laiteuse ». La pression du sein fait sourdre quelques gouttes de lait maternel et l'enfant peut téter facilement de 50 à 80 grammes de lait à chaque fois. Pendant très longtemps, on a considéré que l'allaitement maternel était le seul possible. Mais lorsque la mère n'a pas assez de lait, il faut recourir au lait d'une nourrice (il y en a de moins en moins) ou au lait de vache (on essaie de le rendre identique à celui de la femme en le coupant avec de l'eau, car il contient trop de sel, de caséine et de graisses ; on lui ajoute également du sucre). Le choix – allaitement du bébé au sein ou au biberon – ne dépend donc plus de la qualité du lait, mais d'abord du poids et de l'état

« De nos jours, les laits artificiels ressemblent tout à fait au lait de la mère. Mais l'allaitement maternel demeure le meilleur moyen de nourrir un bébé. »

de santé du nouveau-né. Notons toutefois que, dans certains cas, le lait ne « monte » pas, et que l'allaitement au biberon constitue la seule solution.
En outre, et de plus en plus, comme les mamans travaillent, leurs horaires ne leur permettent pas de donner la tétée 5 ou 6 fois par jour. C'est la raison pour laquelle l'allaitement au biberon est de plus en plus répandu.

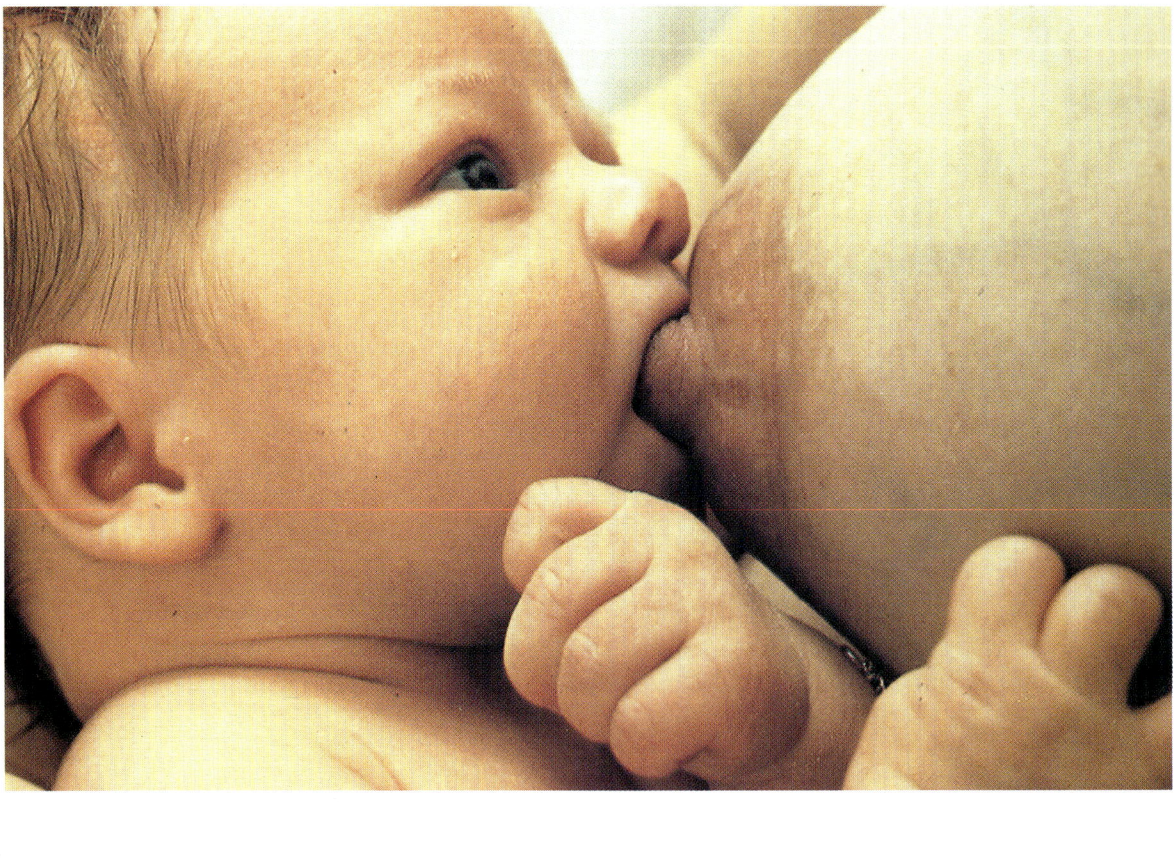

CI-DESSUS :

De plus en plus, aujourd'hui, le père partage l'expérience des premiers soins de bébé : il le baigne, le lange ou lui donne son biberon.

PAGE DE GAUCHE :

L'allaitement le plus physiologique est l'allaitement maternel. Dès le 2e ou 3e jour après l'accouchement, les seins de la maman se gonflent et le bébé peut se nourrir avec le lait de sa mère en tétant le mamelon, qui doit être l'objet de soins répétés pour éviter les crevasses. L'allaitement au biberon se pratique actuellement avec des laits dits « maternisés » qui sont très proches du lait de la mère.

EN CONCLUSION

Quand devient-on adulte ?

À travers des épreuves, des expériences, des refus, des attitudes de défi, des emprunts aux autres, l'adolescent devient un adulte. Il accède à une indépendance sur de nombreux plans :

- indépendance sur le plan intellectuel : il pense par lui-même, élabore sa philosophie personnelle, soumet à son sens critique tous les grands problèmes qui agitent le monde.
- indépendance à l'égard du milieu familial : nous avons beaucoup insisté sur ce point, car il est sans doute le plus difficile et le plus douloureux. Le risque est que cette indépendance ne débouche sur une incompréhension et ne rallume le fameux conflit des générations,
- indépendance, enfin, sur le plan professionnel : à partir du moment où l'individu accède à une profession, il devient capable de gagner sa vie. Cette indépendance économique lui permet d'assumer ses responsabilités dans sa vie privée et son rôle dans la société.

L'adolescence est donc cette étape cruciale de la vie, où filles et garçons tentent de découvrir leur propre voie. Ils se remettent en question et se lancent à travers une série de réussites et d'échecs à la conquête d'eux-mêmes. Le parcours est long et parfois douloureux. Mais les voici déjà parvenus à une meilleure connaissance de leur corps, de leurs sentiments, de leurs pensées. C'est le parcours que les auteurs de ce livre ont souhaité baliser pour les mille et un problèmes qu'aucun être humain ne peut espérer esquiver.

« L'adolescence est cette étape essentielle de la vie qui permet à l'être humain de conquérir son indépendance, de mûrir son caractère et d'affirmer son identité. »

INDEX

ISBN : 978.2.01.291860.3 - 29.06.18060.5/6
août 2007
Impression et reliure en France : Pollina s.a., 85400 Luçon - n° 44144
Loi n° 49-956 du 16 juillet 1949 sur les publications destinées à la jeunesse